Play Today
Building the Young Brain through Creative Expression

幼儿园创造性游戏
——环境创设与活动指导

[美] 安·巴伯（Ann Barbour）／著

王连江／译

中国轻工业出版社

图书在版编目（CIP）数据

幼儿园创造性游戏：环境创设与活动指导／（美）安·巴伯（Ann Barbour）著；王连江译. —北京：中国轻工业出版社，2017.12（2024.5重印）

ISBN 978-7-5184-1563-2

Ⅰ.①幼… Ⅱ.①安…②王… Ⅲ.①游戏课-学前教育-教学参考资料 Ⅳ.①G613.7

中国版本图书馆CIP数据核字（2017）第207020号

版权声明

Play Today © 2016 Ann Barbour.

Published by Gryphon House, Inc.

All rights reserved. No part of this publication may be reproduced or transmitted in any form or by any means, electronic or technical, including photocopy, recording, or any information storage or retrieval system, without prior written permission of the publisher. Printed in the United States. Every effort has been made to locate copyright and permission information.

责任编辑：王慧超　　责任终审：杜文勇
策划编辑：高　君　　责任校对：刘志颖　　责任监印：吴维斌

出版发行：中国轻工业出版社（北京鲁谷东街5号，邮编：100040）
印　　刷：三河市鑫金马印装有限公司
经　　销：各地新华书店
版　　次：2024年5月第1版第6次印刷
开　　本：710×1000　1/16　印张：12
字　　数：84千字
书　　号：ISBN 978-7-5184-1563-2　定价：32.00元
读者热线：010-65181109
发行电话：010-85119832　010-85119912
网　　址：http://www.chlip.com.cn　http://www.wqedu.com
电子信箱：1012305542@qq.com
版权所有　侵权必究
如发现图书残缺请拨打读者热线联系调换
240545Y1C106ZYW

译 者 序

随着生活水平的提高，人们越来越关注孩子的早期教育，也在不断探索如何在顺应孩子天性的同时，有效地培养和发展他们的各项能力。本书正好切合这一需求。本书认为，幼儿在进行表演游戏时，也在发展技能、加深理解，是一个学习的过程。教师可以通过精心的准备，帮助幼儿自由地探索、创造，促进他们彼此之间的互相学习。本书向读者展示了如何使用简单且随手可得的材料和家庭捐赠的物品，将幼儿园变成一个充满学习体验和创造性活动的空间。

本书作者安·巴伯（Ann Barbour）是一位早期教育领域的智者和大师，她有着30余年幼儿园和小学的一手教学经验，是美国加州州立大学的儿童早期教育荣誉教授。她多年来丰富的教学经验和坚实的理论基础，加上高瞻远瞩的学术视野，保证了本书的学术质量和实用性。

幼儿园环境是幼儿课程的一部分，也是重要的教育资源。教师应通过创设和利用环境，有效地促进幼儿的发展。本书介绍了许多耳熟能详的生活情境，设计了相关的游戏方案，涵盖了戏剧表演游戏、美术活动、音乐活动和运动活动等内容。游戏方案具体、实用，从材料、道具的选择和制作到环境的创设及活动的组织，条理清晰，具有很强的操作性。本书能够帮助幼儿教师拓展思维，扩大材料、道具的选择范围，增强环境创设能力，更有效地组织创造性游戏，让幼儿在游戏中成长。

本书的翻译工作得到山东女子学院教育学院马燕和济南大学外国语学院

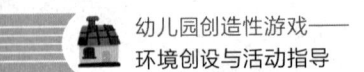

马希武两位副教授的鼎力支持。这对伉俪翻译过多部儿童教育著作，深入过幼教一线，经验丰富，对本书的翻译工作提出了宝贵的意见并给予鼓励，在此向他们表示谢意！感谢我的妻子孙燕女士，她对具体的翻译策略和译文的修改提出了诸多建设性意见！还要提一下我的儿子子涵，书中有不少情境，我在陪伴他玩耍时都经历过，从而对原著也有了更深的理解。最后，还要感谢万千教育编辑部的高君编辑，她做了大量的协调工作，对翻译提出了很多中肯的意见。

本书一定会成为幼儿教师的良师益友，是组织创造性游戏、促进儿童大脑发育的必读书籍。

王连江

2017 年 7 月 25 日

前　言

我之所以对戏剧表演游戏（dramatic play）产生浓厚兴趣，是因为我目睹了我的儿子们玩丰富多彩的想象游戏。我意识到，无论我如何足智多谋、如何精心策划，对他们都不会有这么大的吸引力。儿童对什么感兴趣、主要关注什么以及他们如何理解自己的经历，这些都能够在他们表演的情境中清晰地呈现出来。这些年，我也观察到，我所教过的数百名幼儿都热切地参与到假装游戏以及其他形式的创造性表达活动中。在这个过程中，我对他们每个人也有了更多的了解。通过这些由儿童发起、组织的活动，我看到他们的社交能力、语言表达能力和认知能力都得到了蓬勃发展，这也让我更充分地认识到了他们的需求和他们面临的挑战。同时，我也意识到，戏剧表演游戏和其他创造性活动是课程设置的核心，对儿童的学习至关重要。

我在读研究生期间主要研究儿童的游戏，在随后的二十多年间我又为本科生和研究生讲授游戏方面的课程。我认为，游戏对于儿童的健康发展和学习起着根本性作用。我向那些通过研究和躬身践行而打造了专业知识基础，并且帮助我不断加深理解的人表示崇高的敬意！就像儿童一样，我们也应该习惯于相互学习！我希望本书能够加深你的理解，帮助你开展儿童戏剧表演游戏活动，以提升儿童的创造力。

本书谨献给所有热衷于推动儿童获得最佳发展和学习效果，并将满腔热忱转化为无数日常决策和互动的儿童早期教育工作者；同时，也献给我的儿子埃文和内森，他们的创新精神不断给我带来惊喜；也献给艾伦，他的好奇心、渊博的知识和一贯的支持是我前行的动力。

目 录

第 1 章　儿童生活中的戏剧表演游戏和创造性表达 ············001
　　今天的游戏 ················005
　　戏剧表演游戏和创造性表达 ················007
　　不同阶段的戏剧表演游戏 ················009
　　戏剧表演游戏中的个体差异 ················010
　　戏剧表演游戏和创新 ················012

第 2 章　通过戏剧表演游戏和其他创造性活动进行学习 ············015
　　大脑的发展 ················017
　　认知能力的发展 ················018
　　社会性和情感的发展 ················019
　　语言和读写能力的发展 ················021
　　身体的发展 ················023
　　戏剧表演游戏和"学业" ················023

第 3 章　戏剧表演游戏和创造性表达的支持措施 ············025
　　为有目的的游戏创造条件 ················027
　　创建戏剧表演游戏区 ················028
　　　　材料来源 ················032

戏剧表演游戏区的材料和设备 ·················· 034
创建美术区 ·················· 036
　　美术区的材料和设备 ·················· 039
创建音乐区 ·················· 042
　　音乐区的材料和设备 ·················· 043
管理时间 ·················· 045
恰当地利用科技 ·················· 048
策划游戏和创造性活动 ·················· 050
推动创造性游戏的开展 ·················· 055
　　教师在推动创造性游戏的开展中的作用 ·················· 056
　　注意事项 ·················· 060
让游戏看得见 ·················· 061
　　戏剧表演游戏 ·················· 062
　　美术 ·················· 063
　　音乐和运动 ·················· 063
家庭参与 ·················· 064

第4章　戏剧表演游戏活动方案 ·················· 067

飞机 ·················· 071
面包店 ·················· 074
银行 ·················· 077
洗澡时间 ·················· 080
就寝时间 ·················· 083
露营 ·················· 085
庆祝活动 ·················· 088

建筑场地……………………………………………………090

钓鱼………………………………………………………093

杂货店……………………………………………………096

美发店/理发店……………………………………………099

医院………………………………………………………102

图书馆……………………………………………………105

电影院……………………………………………………108

眼镜店……………………………………………………110

邮局………………………………………………………113

餐馆………………………………………………………116

鞋店………………………………………………………119

宠物诊所…………………………………………………121

洗衣日……………………………………………………124

第5章 美术体验活动方案……………………………127

通过美术活动激励创造性表达…………………………130

活动和材料………………………………………………132

  绘画…………………………………………………132

  颜料画………………………………………………133

  版画…………………………………………………136

  拓印…………………………………………………137

  建模…………………………………………………138

  拼贴画和马赛克……………………………………139

  组合画和雕塑………………………………………141

  室外美术探索………………………………………143

美术作品的技术制作……………………………………………………144

第6章　音乐和运动体验活动方案……………………………147
  通过音乐和运动激励创造性表达……………………………………149
  活动和材料……………………………………………………………153
    集体活动…………………………………………………………153
    音乐和运动活动…………………………………………………155
    个人和小组活动…………………………………………………156
    项目………………………………………………………………157
  音乐和运动中的技术…………………………………………………161

第7章　家庭连接和话语传递……………………………………163
    分享儿童的游戏和作品…………………………………………165

附录A　美术材料制作配方……………………………………………167
附录B　家庭愿望清单…………………………………………………177

第 1 章

儿童生活中的戏剧表演游戏和创造性表达

第 1 章
儿童生活中的戏剧表演游戏和创造性表达

儿童发展专家和早期教育领域的改革者一直以来都认为，游戏对儿童的发展和学习至关重要。现在，人们越来越认识到了这一点。事实上，最初的幼儿园和学前班就是让儿童通过自己选择、自己开展游戏活动来进行学习的。"幼儿教育之父"福禄贝尔（Friedrich Froebel）、教育方法风靡全世界的玛丽亚·蒙特梭利（Maria Montessori）、伟大的发展心理学家让·皮亚杰（Jean Piaget）以及瑞吉欧·艾米里亚教育模式的创始人洛利斯·马拉古兹（Loris Malaguzzi）都强调应该为儿童提供一种环境，激发他们去积极探索和参与，而不是由教师直接告诉他们要做什么或者怎么做。这些先驱者们对儿童早期学习的研究促使无数以儿童为中心的项目的产生。或许，你采用的教育方式也受到了他们的影响。

近些年来，游戏的重要性引起了人们极大的兴趣，早期教育专业组织大力倡导，记者们也在大众媒体撰文支持。关于游戏如何促进儿童的大脑发育和优化他们的学习的研究也不胜枚举。研究者肯尼思·金斯伯格（Kenneth Ginsburg）在 2007 年发表了一篇题为《游戏在促进儿童的健康发展和维系亲密的亲子关系中的重要作用》（The Importance of Play in Promoting Healthy Child Development and Maintaining Strong Parent-Child Bonds）的文章，文中把自由的、没有经过精心组织的游戏与儿童的健康发展联系了起来。有的公司（如 IBM）利用游戏来培养儿童的创新精神，使他们在未来获得成功。商业企业为儿童提供游戏场所和游戏项目，地方政府投资建设社区游乐场，许多博客、网站和视频描述了游戏——尤其是想象游戏和假装游戏——如何促进儿童的学习和发展。

那么，对于幼儿来说，同睡觉、吃饭一样自然的活动是什么呢？为什么游戏激发人们产生这样大的兴趣呢？儿童发展和早期教育专家难以精炼地定义"游戏"一词，但对游戏所具有的特征达成了以下一致意见。

*游戏是儿童自由选择的、积极参与的；游戏具有内在的激励性，充满

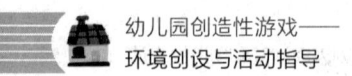

乐趣。
* 游戏是以过程为导向的，即为了游戏而游戏，而不是为了实现某一特定目标。
* 游戏是虚构的。在游戏中，儿童或多或少地扭曲了现实。我们把游戏的这种虚构特征称为幻想、假扮、假装或表演。儿童通过使用物体或动作来象征并不符合现实的东西，从而创建他们自己的现实。他们把积木当作电话，用沙子建造城堡，弹奏想象中的吉他，披上斗篷从坏家伙手中营救同伴。

与成人不同，儿童不会费力地去给"游戏"下定义。他们会向你展示或者告诉你，游戏是他们想做的事情，而不是他们被迫做的事情。他们天生就需要探索和弄明白周围的环境。儿童正是通过自己的努力，才了解了世界及其运行方式，了解了自己在世界中所处的位置以及自己的行为对世界会产生什么影响。尽力去理解这些基本知识，是所有年龄段的人共有的现象，只是成年人通常会通过其他途径去弄明白这一切。总的来说，与儿童相比，大人的好奇心没有那么强，思维也不怎么灵活，想象力较弱，不愿意冒险。儿童对知识的渴求程度，从他们每天提的数百个问题就能看出来，而他们构建意义的内部过程是我们不太容易看清的。他们不断把新的经历与自己已知的东西联系在一起，从而构建出自己对周围世界的理解和假设。他们在遇到问题或产生困惑时，比如够不着柜台上的香蕉或者好奇厨房里怎么会有蚂蚁时，就依靠这种联系。他们可能利用身边的物体来搭建一个凳子，这是一个巧妙的解决方案；或者他们会想象猫在厨房里逮蚂蚁——虽然这是不可能的事。他们的行动和臆想说明他们思维灵活，也说明他们通常不会考虑他人的意见。

这些描述也许会使你想起你所认识的儿童，或者激起你对自己童年的回忆。记得有一年夏天，一场倾盆大雨过后，街对面人行道附近形成了一个大泥坑，这种现象在我家周围还比较罕见。我从厨房的窗户看到，一名3岁的孩子把脚轻轻地踏进泥坑几次，试试它的黏稠度。然后，他小心地走到泥坑里，静静地站了一会儿。随后他开始兴奋地乱跳，飞溅的泥巴让他乐不可支。他弯下身，把泥巴攥在拳头里往外挤。然后他又坐到泥坑里，把脚踢来踢去。最后他仰面躺下，试图在泥坑里印出小天使的形状。很明显，这对他来说是一次全新的体验，泥巴的样子、泥巴摸起来的感觉、泥巴在踩踏下飞溅都使他着迷。我想小孩的父母是不会有我这样开心的反应的。小孩溜回家后可能也得不到像我这样的认可。但我希望他的父母能够接受甚至理解孩子为什么要玩泥，以及他从这次经历中获得的一切（除了需要洗澡外）。这个孩子不仅研究了泥的特点、明白了用泥可以做什么、在泥坑能够做什么，而且陶醉于这种自我表达。

今天的游戏

在一两代人之前，孩子们经常进行这种自发的游戏活动。那时的幼儿多是在家中被照料的，他们大多以玩具为伴。父母，尤其是母亲，忙于家务或照顾更小的孩子，乐于让年龄大一些的孩子自己玩耍。不管经济状况或文化背景如何，大多数家庭都会有一些玩具、各种各样的日常用品或"零散的小物品"。儿童利用手边的材料来创造他们想象中的世界。他们把凳子摆成一排当作车来开。他们穿上不同的衣服，扮演该衣服所代表的角色。他们会穿着父母的鞋子，踢踏着在周围走动，假装要去上班或者去商店。他们制作假想的生日蛋糕，并且吹灭蜡烛，还用鞋盒为玩具娃娃搭房子。通常，其他的儿童也会带来新奇的东西。他们把计划告诉其他孩子——"我们假装……"，然后分配角色和任务。他们在住所周围组织并开展游戏。父母们即使很忙，通常也会随时抽出时间观看游戏、回答问题或解决冲突。一切都是自然而然发生的，它是家庭生活的一部分。父母们很高兴孩子们能够自娱自乐，但很少

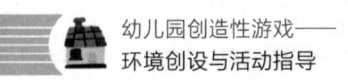

意识到孩子们在这一过程中学到了什么。

对于今天的大多数孩子来说，这样的时代一去不复返。孩子们玩得少了，家庭的结构和角色、经济状况、社区环境、教育政策和标准、商业利益都发生了变化，技术已渗透到生活的方方面面，这些都影响着孩子们的日常体验。近些年来，屏幕技术迅速发展，儿童看电视、看视频和使用移动设备的时间大幅增加。"无商业化童年运动"这一组织开展了一项研究，研究报告显示，学前儿童每天花在屏幕媒体上的时间为2.2~4.6小时。虽然屏幕技术对儿童的身心会造成多大影响尚未十分确定，但人们正越来越多地关注孩子们在这个数字化的时代无法经历和做的事情。

为了给"分内"工作提供更多的时间并提高学校的学术排名，许多学校已经减少了或者取消了孩子们的休息时间。父母为孩子精心策划活动，目的是为了提高孩子的成绩、培养孩子的才华、保证孩子的安全以及使孩子忙于富有建设性的活动。许多儿童很幸运地拥有这种机会。然而，家长的过多策划却减少了儿童玩创造性游戏的机会。这些社会变化带来的综合影响意味着孩子们今天所处的成长环境与他们的父母一代的成长环境已迥然不同，与他们的祖父母一代的成长环境更是相差甚远。他们玩游戏的机会，即他们自我选择和自我组织活动的机会已经减少了。

尽管影响儿童成长的环境正在迅速改变，但儿童发展和学习的基本过程没有改变。无论如何他们仍然需要先学会爬，再学会走和跑；他们仍然需要通过不断试错，以及从他们的照料者的回应和示范中学会交流；他们仍然需要通过与物体和人的互动经历来构建自己对周围世界和自身地位的理解；他们仍然需要学习一些重要的生活技能，以便在学业和其他方面获得成功。游戏——特别是戏剧表演游戏，通常能帮助儿童掌握这些基本的生活技能，它与儿童的学习密切相关。

戏剧表演游戏和创造性表达

除了在泥浆里溅起泥巴这种探索性游戏外，儿童的"意义建构"有赖于他们如何积极加工和再加工自己的亲身经历，以便更好地理解它们。幼儿主要通过戏剧表演游戏来做到这一点。他们善于再现对他们来说最有意义的生活经历。戏剧表演游戏使他们能够控制这些经历的复杂程度，从而更好地理解其意义。与探索或模仿不同，儿童在戏剧表演游戏中可以创造新的、不同于外部现实的东西。学步儿和2岁大的幼儿最开始是通过模仿他人来进行简单的动作练习的，但他们很快就会脱离这种练习性游戏。尽管受到父母行为的影响，但学龄前儿童在玩过家家游戏时，并不是一味模仿父母的行为。相反，戏剧表演游戏使他们能够决定除了自己知道的之外，为人父母还意味着什么。我们经常看到儿童一次次地重构他们某些方面的经历，且每次都有不同的变化。这是因为随着理解能力的增强，他们的游戏也发生了变化，变得更加复杂了。

戏剧表演游戏也是一种自我表达形式。当孩子们玩假装游戏时，他们正在展现他们感兴趣的和关注的东西，尽管他们的知识在成人眼里显得那么不完善。如同许多成年人发现说话或写作能够阐明思维一样，这种自我表达形式有助于儿童增强理解能力。通过戏剧表演游戏，儿童能够表达他们的言语技能尚不能表达的东西。假装游戏为儿童锻炼各种各样的智力技能提供了安全、客观的环境。

儿童也通过其他方式理解自己的经历和表达自己的理解，那便是受瑞吉欧早期教育模式影响的教师们所说的儿童的自然"语言"。儿童的这些自然"语言"包括绘画、雕塑、拼贴、音乐和运动，它们同传统语言和戏剧表演游戏一样，也涉及象征性思维。毕竟，无论是口头形式还是书面形式，一个

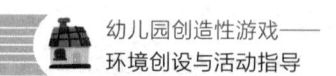

词（比如"汽车"）都是一个符号，代表着一个真实的东西。儿童假装开车时所使用的手势和物品，象征着他们对汽车以及操作方法的了解；同样，画一辆汽车或者画父母、兄弟姐妹、自己，展现了他们对汽车和自己家庭的了解。这种象征性表达有助于儿童巩固自己对事物的理解。

戏剧表演游戏和儿童的创造力发展携手并进，两者都依靠儿童的象征性思维，都涉及从经历中汲取经验来建立联系、想象可能性以及处理模糊性或者相互矛盾或对立的看法。比如，孩子们认识到，能够解决一个问题的好点子可能会同时带来其他问题。这种认识可以帮助他们发展推理能力和解决冲突。在戏剧表演游戏和其他创造性活动中，儿童既使用发散性思维，也使用聚合性思维。最初，他们想出许多方法来展开一个特定的场景或创造性地表达自己，这被称为发散性思维。在权衡各种可能性之后，他们转换到聚合性思维来实施已经选定的一种方法。在这一创造性过程中，他们会在适当的时候来回转换这两种思维方式。

你可以回忆一下在你自己的孩子或者你所教过的孩子身上曾经观察到的类似象征性表达的例子。我想起了一名3岁的孩子，她假装自己是手持魔杖的仙女，绕着游戏场地跳舞，把其他儿童和场地上的设施都变成她想象中的人物。我还记得一群4岁的"小猫咪"照料刚生了崽的5岁大的"猫妈妈"，还有一群6岁的孩子用柳条箱和新剪下来的树枝搭建堡垒，从里面发动袭击去抓俘虏。我也记得有一名3岁的孩子在参观完消防站后，把画架上的整张纸都涂成了黄色，因为他看到消防站里的所有东西都是黄色的。我也记得我的儿子，他将我们家每个人的特征雕刻在毛茸茸的芒果核上。

所有这些活动的共同点是什么呢？孩子们为什么要从想象出发去展开情节、创设环境和创造物品呢？成人是不大可能为孩子们策划这些活动的。只有当成人不对时间、空间和材料进行策划时，儿童才会自发地试验、想象、规划和开展一些情境活动，建造他们自己设计的物体——在当时这对他们来说都是最有意义的东西。在这个过程中，他们掌握了基本的技能和概念，也乐于表达自己。由于能够控制自己的行为，他们还获得了成就感和愉悦感。

不同阶段的戏剧表演游戏

儿童早期阶段的游戏主要是探索性游戏和练习性游戏。婴儿会爬着探索厨房底层抽屉里的量杯；学步儿和2岁大的儿童会反复嵌套或堆叠那些杯子，也可能假装用杯子喝水。这种出现在生命第二年（12个月至24个月之间）的象征性游戏，预示着儿童的认知能力得到发展。他们能够用物体、手势、动作甚至语言来代表或表征某事或某人。随着儿童的成长，他们用于表征和创造性表达的手势、动作和语言也会变得更为复杂。儿童最初以自己为中心的假装游戏开始涉及其他人。假装用杯子喝水的学步儿很快就会给他们的动物玩具喂水。3岁大的孩子也不太依靠实物（如杯子）进行戏剧表演游戏，而是可能用另一样东西（如蛤壳）来代替杯子。再往后，他们就能够只依靠想象中的杯子，把简单的动作按照顺序排列并开展假想的情境活动，比如泡茶和开办茶会。儿童表征其经历的能力的发展，与其语言和读写能力从具体到抽象的发展是齐头并进的。

学龄前时期被称为象征性游戏的黄金时期。尽管幼儿的游戏主要是独自游戏和平行游戏（和旁边的孩子同时游戏），但幼儿园和学前班孩子的游戏变得越来越具有社会性。"社会性戏剧游戏"（socio-dramatic play）这个名副其实的术语就是4—6岁儿童的主要游戏形式。这种游戏形式是以人而不是以物体为导向的，正因为如此，它被认为是更高层次的象征性游戏行为。除了用物体和动作进行象征性表达之外，社会性戏剧游戏还包括角色扮演，即孩子们假装自己是某人或某物。他们使用的手势、动作、语言和物体必须与他们所扮演的角色一致。他们所扮演的角色还必须与其他儿童相配合，这就需要儿童在游戏外进行沟通，比如协商角色、设计行为、解决冲突——"我演

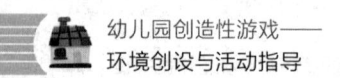

妈妈，你演小宝宝，我去给你找点吃的。"这也需要儿童在游戏内继续进行沟通——"给你吃一些美味的热粥。"随着游戏的进展，儿童在现实和幻想之间来回转换：一会儿说"我准备假装去上班"，一会儿说"再见，亲爱的，我会尽快回来的"。这种在游戏情境内外之间的转换有助于儿童沟通和理解社交线索。儿童学会解读其他孩子的行为，并做出恰当的回应。这个过程也帮助他们认识到，其他人的思想和情感可能与自己的不同。

在与其他人进行假装游戏时，儿童可以创造出复杂的游戏情境，这为他们在各个领域学习和练习技能提供了多维的机会。游戏通常至少进行10分钟，但当游戏伙伴们经过协调角色、沟通、互动后想出更多的情节时，游戏时间可以延长。

幼儿园和学前班儿童也会为自己的游戏创建实体结构。有时，他们的工作主要集中于一起建造东西，比如在沙子里修路和修建隧道。有时，他们建造的东西会成为戏剧表演游戏的舞台，他们可能收集日常材料搭建医院或鞋店，然后扮演医生、病人、鞋店的营业员和顾客。无论哪种情况，他们创建的结构或情境都代表他们对这类事物的理解，同时，在创建这些结构的过程中，他们能够获得和改进基本的技能。

戏剧表演游戏中的个体差异

许多因素会影响儿童的戏剧表演游戏。你可能已经注意到，在假装游戏中，游戏数量、游戏主题、游戏角色、游戏的现实程度、所用的语言和活动水平都有所不同。如前所述，年龄是一个主要因素。学步儿和两三岁的孩子通常独自进行戏剧表演游戏，并且通常他们的游戏是以物体为导向的。他们可能假装开车或把玩具动物放在床上睡觉。他们也可能充当指挥官，就像大一些的孩子独自玩耍时那样，让玩具完成特定顺序的动作。在集体游戏时，

3—6岁的孩子通常会加入以人为导向的幻想游戏，他们选择的角色或多或少地具有现实性。总之，这个年龄段的幼儿往往基于日常体验来表演现实的主题，比如假扮妈妈或兄弟，他们更依赖现实道具来开展游戏。随着儿童阅历的增加和象征性能力的发展，他们所扮演的角色慢慢地不再以家庭为中心，现实性成分减少，对现实道具的依赖性也会减弱。

性别也会影响游戏的主题和角色。女孩更多地采用以家庭和人物为主的主题，扮演家庭成员和其他人物角色；而男孩往往倾向于以冒险和物体为主的主题，并扮演相应的角色。很常见的一个景象是，女孩假扮成妈妈或者故事书中的人物，而男孩假装开车或扮演超级英雄。同在其他领域一样，男孩在幻想游戏中往往动作多而语言少。男孩在兴趣方面体现出的性别类型比女孩更加明显，比如，他们不大可能像女孩那样玩过家家游戏，而是会假装扑灭一场火灾。游戏是儿童基于日常生活体验而产生的，因此接触屏幕媒体也会影响儿童的游戏内容。接触屏幕媒体越多，他们游戏的主题和角色就越不现实。

在儿童的社会性戏剧游戏中，儿童所处的社会经济地位可能是影响游戏数量和深度的一个变量。然而应该指出的是，有研究发现，阶层和经济的影响是各种各样的，儿童在戏剧表演游戏方面的任何表现都可能归因于游戏材料、支持游戏的环境以及能够激发游戏的阅历。文化、父母的教养方式和家庭的期望也可能影响儿童的戏剧表演游戏。

需要记住的一点是，这些都只是一些倾向，即总的来说，处于某一个特定年龄、性别或背景的儿童或多或少会展示出这些差异。然而，我们不应该把"倾向"理解为期待儿童个体将会或者应该如何游戏。尽管如此，了解儿童在戏剧表演游戏中可能存在的差异，有助于你做出相应的安排，使孩子玩游戏的机会最大化。

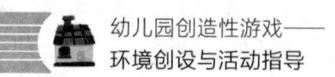

戏剧表演游戏和创新

两千多年前,古希腊哲学家赫拉克利特曾说:"唯一不变的就是变化。"从他所在的时代起,变化就大大加速了。我们没有一个人能够知道5年后孩子们的生活是什么样子的,更不用谈20年后了。今天出生的婴儿可能会活到22世纪。我们只能猜测政治、社会、经济和技术的发展会给他们的日常生活带来什么样的改变。适应迅速变化的时代并能健康成长,需要的不仅仅是基本的学业技能,它要求儿童机智、灵活,具有团队合作精神、创造性思维、内在的责任心和自律能力;还需要儿童愿意冒险,即产生和实践新想法且不害怕失败,也不因他人的偏见或评价而气馁。

当前人们的关注点聚焦在统一标准上,确保用标准化考试来对儿童进行衡量。这样,儿童就失去了学习上述能力和培养上述品质的机会。著名的创新与创造力专家肯·鲁宾逊爵士在2006年的TED大会上发表演讲,其演讲的题目为"学校扼杀了我们的创造力"。他在演讲中说:"随着年龄的增长,我们的创造力并非与日俱增,反而是与日俱减。更确切地说,教育使我们失去了创造力。"2010年的《新闻周刊》(Newsweek)有一篇题为"创造力危机"的文章,作者为波·布朗森和阿什利·梅里曼。文章引用了中国一所重点大学的人员针对美国注重标准化课程设置的评论:"你们正在步我们的后尘,而我们正在以最快的速度奔向你们的模式。"就在同一年,来自世界各地的1500名IBM高管在调查中都选择将创造力作为未来成功的最重要因素。如果我们只将注意力放在帮助儿童应对当前的挑战,那么我们可能无法帮助他们做好准备,以迎接未来的挑战。

创造力不仅涉及艺术活动,还涉及借鉴以往的经验来解决问题。每个领域都强调创造性思维。小学和中学课堂上实施的项目教学活动已经证明能够提高学生的问题解决能力和创造力。事实上，对幼儿实施项目教学活动能够使他们对自己的问题进行探究并做出回答，从而为他们提供很多发展知识和创造力的机会。戏剧表演游戏是学前儿童的主要游戏形式，它与高水平的创造力密切相关。

戏剧表演游戏为儿童提供了一个没有风险的舞台，使他们得以根据自己的想法进行探索和试验，测试和评估自己的技能，并且以自己的方式调整环境。在角色扮演游戏中，儿童扮作他人，想象和权衡各种可能性，这有助于他们从不同的角度分析情境。扮作他人并使用相应的手势、动作和语言，使得儿童能够练习发散性思维，因为他们需要考虑假装去做的各种不同的事情。在游戏的内容和方式确定之后，他们会把注意力转移到如何将游戏搬上舞台。此时，他们的思维就是聚合性的了。创新和创造力高度依赖发散性思维，但为了实现目标，聚合性思维也是必要的。有研究显示，在角色扮演游戏上花费大量时间的幼儿，在创造力测试中得分更高。

像大多数教师一样，你也会希望自己教的孩子能够终身学习。尽管"终身学习"这个词有点陈腔滥调，但它关系到个人的成长和社会的进步，其重要性无可比拟。终身学习要求儿童愿意想办法解决问题、通过积极建立个人联系来理解事物、从不同的视角看待问题、想象各种可能性以及不畏惧犯错误。这些思维方式和技能是否让你想起幼儿在创造性游戏中所做的事情呢？

第2章

通过戏剧表演游戏和其他创造性活动进行学习

第 2 章
通过戏剧表演游戏和其他创造性活动进行学习

你的同事或父母是否质疑过戏剧表演游戏或其他创造性艺术活动的价值？如果是的话，以下内容可以让你的回复更加有力。

通常，对儿童学习的描述是在不同的发展领域进行的，但是创造性游戏把儿童不同领域内的学习整合到了一起，因为它致力于促进儿童的全面发展，它还为大脑的健康发展提供了最佳条件，比如，在戏剧表演游戏中，儿童会使用抽象的或象征性的思维和语言，他们改善了自己的概念理解能力和问题解决能力，发展了社交、情感和身体机能。角色扮演、绘画、创造艺术作品、创作音乐、随音乐扭动都可以被看作全脑活动，因为这些活动需要大脑的各个部分同时参与。

大脑的发展

神经科学研究表明，游戏能够刺激大脑的发展，而且在大脑发育早期，这种刺激比先前所认识到的更加快速、广泛。在游戏中，儿童整合了大脑的功能。在出生后的 36 个月内，儿童的大脑内约有 1000 万亿的突触连接。突触以电信号或化学信号的形式，把信息从一个细胞传递到另一个细胞，从而创建神经通路的结构。这些通路使我们能够处理信息，也就是能够思考。儿童在一个全新的世界中互动、探索和游戏，就会产生无数个这种连接。到 3 岁的时候，其大脑的活跃度是成年人的两倍半，他们有更多的突触连接，这也就不足为奇了。这种连接的大幅度增加使儿童能够适应任何类型的物质环境和文化环境。由于儿童的生长环境并不是无限制的，所以大约 3 岁之后，他们使用过的连接会得到增强，而没有使用过的连接就会消失。神经系统中的突触的"修剪"过程，与每个儿童的学习和成长环境相符。

各种各样的游戏都有利于大脑的发展，它们首先会帮助创建突触连接，然后增强那些最有用的连接。

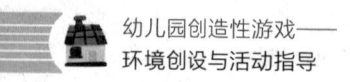

压力、刺激不足或营养不良都会影响大脑的发展。当儿童与环境和他人进行愉快的互动，并能够控制自己所体验的刺激的数量时，大脑就准备好创建有意义的连接了。游戏是由儿童发起和控制的，也是儿童感兴趣的，因此游戏是儿童学习的最佳环境。

大脑中最晚发展的区域是前额叶皮质区，这是一个调节行为的区域，其基本功能是负责工作记忆（保留信息）、抑制性控制（有时称为自律或自我约束）和认知的灵活性（改变观点）。这些功能又被称为"执行功能"。集中注意力、计划、组织、推理、制定决策和解决问题都需要这些功能的参与，它们是儿童在学业和其他方面获得成功的必要条件。执行功能的重要作用在儿童发展领域之外也得到了人们的认可。2011年，特里·莫菲特及其同事发表了一篇题为"儿童逐步学会自我控制会带来健康、财富和公共安全"（*A Gradient of Childhood Self-Control Predicts Health, Wealth, and Public Safety*）的文章，指出儿童调控自我行为的能力预示着健康、财富和公共安全，而这与儿童的智力和他们所处的社会阶层无关。

戏剧表演游戏和其他创造性活动能够支持这些执行功能的发展。在戏剧表演游戏中，儿童使用工作记忆来表征自己知道的东西。他们练习角色应有的行为，抵制不符合角色特点的表演，避免做出与该角色不匹配的反应。他们站在自己所扮演的角色的视角看待问题。在社会性戏剧表演游戏中，儿童学会了转换视角以响应玩伴的行动。这些功能也是创造力的体现：以新的方式将碎片化信息整合到一起，并利用创造性思维进行思考。

认知能力的发展

大脑的发展和认知能力的发展之间的关系是复杂的。教师所说的认知能力的发展，通常是指儿童的知识获得和思维过程。戏剧表演游戏和其他创造性活动与两者密切交织在一起。当儿童在戏剧表演游戏中创建关于过去经历的心理图像时，他们正在处理信息。当儿童构建虚拟的世界时，他们正在进行类似"假如……"这样的思考——这种思考是假设推理和解决问题的基础。当儿童与他人创造假想的情境时，他们正在交流思想和互相学习。他们获得了新的概念，随后再对这些概念进行检验和修正。角色扮演，使儿童能够了解成人的角色与职业。参与戏剧表演游戏可以让他们把在一种情境中学到的东西应用到另一种情境中去。为了把假装游戏的剧本表演出来，儿童需要在头脑中进行规划，需要利用周边的环境和手边的材料以服务于特定的目的。比如，假装制作一个蛋糕，儿童不仅需要记住制作蛋糕的一系列步骤，而且需要数对生日蜡烛的数量。在假想的杂货店购买食物，能够鼓励儿童以有意义的方式探索、发展、应用数学概念和技能。为游戏构建实体结构，有助于儿童理解逻辑顺序、因果关系和空间关系。在这个过程中，儿童不断地评估自己的行为。我们经常会看到，儿童改变自己的策略，互相纠正，甚至从头开始重新表演一个假想的情境。

戏剧表演游戏和其他创造性活动能够帮助儿童理解周围的世界，增加新的知识。同时，儿童通过自己的行动、自己制作的产品和自己使用的语言，把自己的思想和主意转换成清晰可见的东西。学校要求儿童所做的一切都涉及相同的过程。但是，即便如此，儿童学业上的成功并不仅仅取决于他们认知能力的发展。

社会性和情感的发展

社会性和情感能力的获得是一个渐进的过程。当教室里设有戏剧表演游戏区时，儿童在此进行的社会性互动比在教室其他任何区域进行的更为复杂。通过与他人玩假装游戏，孩子们逐渐理解了社会和文化的规范以及期望。同

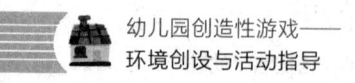

伴游戏中隐含的规则，帮助他们了解并练习所有社会交往中会涉及的行为，包括分享、轮流、交流和合作等。在这个过程中，儿童有机会理解其他人的意图、想法、需求和情感，而这种换位思考的能力是共情或者同理心的核心。社会性戏剧表演游戏也有助于儿童学会通过协商和妥协来解决冲突，通过手势和面部表情来读取他人的情感状态，这反过来又能帮助他们成为更有能力的社交伙伴，帮助他们与其他人建立友谊并产生班级归属感。与同伴所建立的积极关系影响着儿童对学校的适应性和学业上的成功，毕竟，儿童是与同伴一起，并通过同伴进行学习的。如果儿童感觉不到自己是集体中的一员，那么他们通常难以适应学校生活。

社会性戏剧表演游戏还能促进儿童调控行为和延迟满足能力的发展。在游戏中，儿童的行为必须符合自己所扮演的角色。比如，在讲故事期间无法保持安静的儿童，往往能够按照游戏剧本的要求保持安静。如果游戏中设定的情节是"就寝时间"到了，那么他们必须保持不动，假装睡觉，控制自己不要在"早上"未到时睁开眼。游戏情节和同伴可以帮助他们构建自我控制能力。

创造性游戏除了能够提升儿童的社交技能外，还能培养他们的情感。游戏让儿童能够处理自己的情感。当他们感到担心、害怕或无助时，他们能够通过游戏安全地进行探索和表达这些情感。假装自己是医生或父母，他们就能从失控的感觉中跳出来，转而拥有一种掌控感。画画怪物，他们就不那么感到害怕了。扮作超级英雄，他们感到自己是强大的、有力的，尽管在真实的世界里情况恰恰相反。游戏还为儿童表达强烈的感情和冲动——比如愤怒或攻击——提供了安全的宣泄通道。当一个孩子哭喊着寻求关注时，让他拍打动物玩具比拍打刚出生不久的小妹妹更容易让人接受。

在戏剧表演游戏和其他创造性艺术活动中，儿童会探索自己的想法、在新旧知识间建立联系以及弄清楚如何独立做事情。对于儿童来说，获得有意义的发现和创造出新东西是非常有满足感的。表达性艺术活动能够培养儿童的自我意识，是激发他们的学习热情不可或缺的一部分。

语言和读写能力的发展

象征性表征有多种形式,包括说话、写字、戏剧表演游戏和其他形式的创造性表达。戏剧表演游戏和语言具有互惠关系:戏剧表演游戏能够促进儿童语言的发展,同时儿童语言的发展又支持了他们的游戏。儿童使用语言来交流意图,即使独自玩耍时,他们也经常自言自语,这有助于强化和指导他们的行为。在社会性戏剧表演游戏中,儿童通过相互交谈来计划、组织和构建游戏框架之外的游戏内容。他们解释自己想要做什么或正在做什么,发出命令,提出问题并回答问题。在游戏框架内,他们继续练习常规语言,并使用他们所扮演角色的语言和语调进行特定情境下的对话。消防队员与餐厅服务员的说话方式不同,而餐厅服务员与家庭成员的说话方式也不同。我们都听过儿童惟妙惟肖地模仿大人的言谈,有时逼真得令人难以置信!

语言支持虚构的角色,它能够使儿童从"外面"听到自己,感受到自己和所扮演的角色之间的对话。儿童在戏剧表演游戏中使用的语言,有助于他们以有意义的方式形成有效的言语表达和交流技能。

儿童在戏剧表演游戏中表演的情境含有故事叙事。年幼的学龄前儿童一开始通常会再现他们日常生活中熟悉的一系列动作,如烹饪或驾驶。随着他们理解力的增强、与同伴互动的增多、阅读范围和接触屏幕媒体变广,他们表演的剧本和主题就会更具想象力。高质量的戏剧表演游戏表明,儿童已弄清了故事的要素包括开头、中间过程和结尾。比如,购物的过程包括寻找自己想买的物品、在柜台结账、把物品装袋带走;白雪公主吃了毒苹果后睡着了,一直等到王子来把她唤醒。

对于母语不是英语的儿童来说,戏剧表演游戏尤为重要。说英语的同伴和游戏情境本身自然而然地会支持这些儿童学习英语,包括口头表达和书面

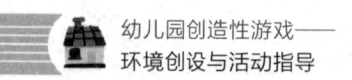

形式。在儿童学习新单词、练习口语表达技能和用创造性的方式表达自己时，游戏的非正式性和不具威胁性的氛围可以帮助他们树立信心。游戏激励并支持儿童语言的发展。

社会性戏剧表演游戏能强有力地促进儿童读写能力的发展。有了读写材料，假装游戏就变得更加丰富多彩了，儿童也可以把正在发展的技能用在真正的读写活动中。当儿童有目的地运用刚萌发的读写技能时，他们会"写下"信息、制作标记、"阅读"图书和标签。如同所有的表达性语言和接受性语言技能一样，通过游戏来制作和解释书面符号，能够帮助儿童在大脑中建立并加强与读写有关的神经连接。

其他形式的创造性表达也可以促进儿童语言和读写能力的发展，因为它们也涉及利用符号来表达意义，比如，儿童画作中的标记、涂鸦和人物都是他们思想的可视符号。儿童经常"阅读"自己的画作或者热情地谈论他们讲述的故事。绘画也是一种写作形式，因为它涉及视觉感知、知觉和精细动作技能。儿童最初在进行书写时，就是把字母"画"下来。他们首先画出类似字母的形状（线条和圆圈），然后把特定的字母融入他们的绘画中。最终，他们可能会在整个页面画满重复的字母和单词。

音乐活动有助于培养儿童的听觉感知和语音记忆能力——这两种能力与语言和读写能力紧密相连。儿童会对音乐中的声音和节奏做出回应。他们意识到了韵律模式和头韵。咏唱、韵文和歌曲使儿童容易记住单词。我们都看到过这样的场景，即孩子们非常自豪地唱着"字母歌"。同时，我们也有这样的感受，即我们毫不费力地记住了歌词，但忘记了其他信息。

运动也是一种交流和自我表达的形式，它也有助于儿童的语言和读写能力的发展。当儿童积极运动时，他们在空间中进行自我定位，而空间定位是儿童识别和组织字母所必需的。运动和舞蹈也能够帮助儿童内化一些词汇，如"轻柔""快速""下面""周围""穿过"等。

身体的发展

儿童能够在各种各样的游戏活动中发展、练习和提升他们的身体技能，戏剧表演游戏也不例外，因为身体活动是其基本要素。无论在哪里进行游戏，儿童都必须在该空间内控制自己的身体。这样做可能需要儿童具备知觉动作控制能力、空间和距离意识、平衡能力以及协调能力。不同的空间、设施和材料需要儿童的身体做出不同的回应。让儿童把攀爬架当作一座城堡进行攀爬，比让他们假装给婴儿喂奶更能锻炼他们的粗大动作技能。即使儿童的游戏不太活跃，也仍有很多机会来发展他们的精细动作技能。穿上角色扮演的服装，需要他们扣好衣服的纽扣，戴上领带；选择和收拾游戏材料，需要儿童手眼协调能力和视觉辨别能力的参与。戏剧表演游戏自然而然地能促进儿童的身体发展，它能够促使儿童学习并运用自理能力。其他的创造性活动也具有这样的功效。

戏剧表演游戏和"学业"

如果你正在从事教学工作，那么你会知道学习标准是当今学校的主要驱动力，幼儿园也不例外。不论被称作准则、框架、基础，还是被称作核心课程，这些标准都对儿童应该知道什么和应该做什么规定了期望目标。一些标准是全国性的，比如"开端计划"（Head Start Learning）和"发展框架"（Development Framework）；其他的标准是各州根据儿童早期教育专家的意见制定的。尽管这些标准存在不同之处，但大部分早期学习标准都勾画出了未来儿童想要获得成功应具备的主要能力。这些能力包括：基本的认知能力、

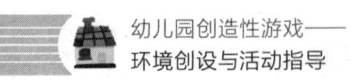

社会情感能力、语言和读写能力、身体能力以及对数学、科学思维、社会研究和艺术方面的基本理解。尽管这些标准中也有很多关注以游戏为基础的课程设置，但有时它们被理解为一种手段，用来限制课程设置和对更高分数抱有期待，因为教师要负责处理、评价和报告结果。

有些州的早期教育标准还包括被称为"学习方式"的独立领域。它们表明，积极持续地参与游戏、进行想象、解决问题和保持快乐心情都是儿童在发展和学习中要具备的重要能力。创造性游戏并不能保证儿童会习得这些品质，但是如果没有足够的机会让儿童进行游戏，他们将更不可能习得这些品质。

创造性游戏与其他学习活动相互呼应，共同推动儿童的发展。在2013年的《伊利诺伊州早期学习和发展标准》（Illinois Early Learning and Development Standards）的序言中，莉莲·卡茨写道：创造性游戏能够"增强和支持幼儿的智力品质的形成，以及他们对自身经历更好、更全面、更深入地理解的内在渴望"。这些智力品质包括：参与并拓展互动、积极主动、有目的地运用萌芽技能、拥有集体归属感、对个人努力和成就有满足感。根据卡茨的说法，其主要目标应该是帮助儿童"以服务于智力品质而不是付出代价来获得学业技能"。

幼儿园教师都知道，以游戏为基础的活动能够促进上述品质的发展，而这些品质是儿童学业成功不可或缺的一部分。当幼儿园教师被问及希望孩子们在进入班级前拥有什么样的品质时，他们常常提到的是要有学习欲望、能够自我调节行为、服从指示和参与集体活动。幼儿园教师也希望孩子们能够口头表达自己的需求和愿望并且体谅其他儿童。具备这些技能比认识字母和数字更为重要，因为这些技能与孩子们的可教程度直接相关。

戏剧表演游戏和创造性活动激发了儿童的潜在能力，帮助他们掌握学习方法，让儿童为未来做好了准备。

第3章

戏剧表演游戏和创造性表达的支持措施

对于戏剧表演游戏和其他形式的创造性表达在儿童发展和入学准备中的核心作用，能够理解是一回事，而推动儿童有意义地参与这些活动则是另一回事。如果后者是你的目标，那么你的主要任务就是通过创建物理空间、有效地规划和管理时间、提供材料和设施等来创造有利于这些活动开展的环境。

为有目的的游戏创造条件

你创造的环境向儿童有力地传递了他们"能做什么、应该做什么"的信息。就像前文所说的那个吸引着3岁小孩跳入的泥坑一样，物理环境及里面的材料会影响儿童的行动、参与和学习。这就是为什么环境被称为"第三位老师"，它也是儿童和教师之间如何感受、如何互动的一个关键变量。想一想你进入一个新空间时的反应。这个空间可能是一座公共建筑、一位朋友的家或者另一个老师所在的班级。你感到舒适还是不自在呢？你看到熟悉的东西了吗？或者一切看起来都很陌生？是否有东西激发了你的好奇，吸引了你的眼球？或是没有任何东西能引起你的兴趣？你知道要去哪里还是不知所措？你想留在这里还是准备离开？作为一个成年人，你可能不像大部分幼儿那样易受各种不同的环境的影响，同时你也能够更好地控制自己的反应。但是我们在为儿童设计成长和学习的环境时，这些都是需要考虑的重要问题。

环境能够促进或阻碍儿童的积极行为。当儿童积极参与有趣的且适合他们发展的活动时，行为问题就不太可能发生。当教师设计的环境能为儿童提供明确的界限和开展特定活动的足够空间，能让他们在区域内自如地运动，保证他们拥有私人空间时，它就能帮助儿童管理自己的行为。

精心设计、氛围亲切、引人入胜的环境，包括环境中各种熟悉的、新颖的材料，都可以增强儿童的安全感以及他们对高质量游戏的参与度。深入了解儿童的年龄、个体特征、需求以及他们的兴趣、文化和语言背景，对于为

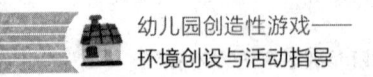

他们规划适宜的空间以鼓励他们持续进行戏剧表演游戏和其他创造性活动至关重要。此外，还要确保所有儿童（包括身有残疾的儿童）享有平等的参与机会。

创建戏剧表演游戏区

你的教室里可能已经有戏剧表演游戏区了。在许多幼儿园，这些区域被称为"家庭生活中心"或"娃娃家"，表明了儿童从事的游戏活动类型。这些区域很普遍，因为它们能反映儿童的家庭生活经历。比如，做饭和照顾婴儿是幼儿很容易联想到的活动。这些区域鼓励儿童扮演家庭成员的角色并表演熟悉的动作。年幼的学前儿童和女孩往往喜欢这些主题，而年龄稍大的学前儿童和男孩通常对这些主题不那么感兴趣，特别是还有其他活动可供选择时更是如此。如果我们想让所有的儿童都能从持续的戏剧表演游戏中受益，那么就需要创建戏剧表演游戏区——该区域要性别中立，并且能够反映儿童在家庭生活之外日益增加的经历和兴趣。

在规划一个对儿童有吸引力的戏剧表演游戏区时，你要考虑以下几点：

（1）**指定一个空间**。由于戏剧表演游戏在促进儿童学习中具有重要作用，所以每个早期儿童教育的教室里都应该专门为此指定一个固定的空间。不管这个空间是房间的一个角落，还是具有独立入口的区域，都应用边界与其他区域隔开。低矮的架子、书柜和其他家具以及从天花板上垂下的帘子，都可以用来帮助隔出空间，甚至在地板上粘上彩色胶带，也能将这一区域与房间里的其他区域隔开。

（2）**留出供4~6名儿童一起游戏的空间**。留有足够的空间供孩子们布置和分享道具、穿衣服、四处走动而不会彼此挡道，有助于儿童进行合作，防止他们发生冲突。拥挤的空间通常使人易怒和产生分歧。此外，还应有足够的空间可供重新摆放家具，添置大件物品（如帐篷、大箱子等）。但空间过大也会导致单独游戏、平行游戏或者大运动量的活动。

（3）**靠近积木区**。戏剧表演游戏区要靠近积木区，以加强这两个区域的孩子间的互动，丰富游戏的内容。积木建构作品可以用作戏剧表演游戏的道具；戏剧表演游戏区的服装和其他材料能够激励积木区的孩子搭建更多的积木建筑。而在这两个区域被分隔得很远的教室里，我们经常看到男孩倾向于待在积木区，而女孩倾向于待在戏剧表演游戏区，这会强化性别定型游戏，减少儿童获得广泛的经历和进行学习的机会。

（4）**提供适用性强的家具和设施**。符合儿童身高的多功能家具有助于界定空间、提供储藏场所和支持儿童开展游戏。配有椅子的桌子、低矮的架子、带有滑动挂钩的立式多孔板、不易破碎的全身镜、烤炉或烤箱、下水槽、碗橱等等，都是可以根据游戏主题移动的多功能实用物品。戏剧表演游戏区最好配备一些坚固耐用的家具，而不是许多经不起重复使用的物件。但是，如果没有木质或乙烯基材质的物品可以使用，那么你和孩子们可以利用结实的纸板箱或瓦楞纸板动手制作非永久使用的家具。用纸板制作戏剧表演游戏教具的创造性方法可以在网上找到。

（5）**提供视觉上的吸引力**。对于缺乏视觉吸引力的游戏区域，孩子们是不太感兴趣的。当你精心布置美观的材料时，你也在传达"戏剧表演游戏很重要"这一信息，同时也使该区域更具吸引力。为4~6名儿童提供充足的材料，让他们持续进行戏剧表演游戏。如果材料过多，则会造成混乱和儿童的分心；如果材料过少，则会导致儿童发生冲突和缩短游戏情节。你不需要每种物品都准备两件，因为游戏的目的是鼓励孩子们扮演不同的角色；但是，特别受欢迎的物品可以准备多件。

考虑一下墙壁和天花板。在墙壁上展示与游戏主题有关的照片、图表和其他物品，以引起儿童的兴趣；同时，被展示的物品的高度应与儿童的视线齐平。墙上的织物挂件和从天花板上垂挂下来的物品也会使空间更具吸引力，

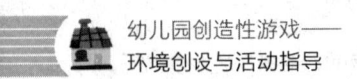

为游戏提供支持。在墙上和天花板上钉挂物品时，一定要参照学校的规定。

（6）**提供开放性材料**。道具是激发儿童进行创造性游戏的零碎物件或配件，包括儿童能够以多种方式使用的材料。开放性道具可以激发儿童的想象力，培养他们解决问题的能力，因为孩子们可以自己决定如何使用它们。比如，塑料碗和木勺比玩具搅拌器就好得多，塑料碗除了用作烹调器具外，还可以作为购物篮、帽子、凳子、鼓、鸟巢或盛放其他材料的容器；相反，玩具搅拌器的制造商已经决定了儿童能够用它做什么和应该用它做什么。同样，普通的布块可以用作披肩、围巾、毯子、桌布、兽皮甚至屋顶，而商业戏服的设计用途就很单一。在平时的观察中，我们经常会发现孩子们对玩具盒的兴趣胜过对盒内玩具的兴趣。孩子们能够把盒子想象成任何东西。成品玩具，尤其是带有电子零件的玩具，往往鼓励孩子们对它们进行探索而不是让他们进行戏剧表演游戏，因为孩子们的关注点在于操作电子玩具使其移动、发声、发光等。最好为儿童提供简单、开放且具有较高游戏价值的道具，这样儿童就可以根据游戏方案，以自己的方式对这些道具重新进行组合。在戏剧表演游戏区配有各种开放的、可移动的以及与主题相关的部件，不仅能使具有不同能力和兴趣的孩子构建意义，而且能让他们获取、运用和练习技能。

（7）**提供与实物大小一样的材料**。提供支持孩子们扮演不同角色的道具，鼓励他们共同游戏。服装尤为重要。戴上帽子、穿上衣服或鞋子，有助于儿童装扮成某人或某物。与游戏主题有关的或者能够以多种方式被使用的、与实物大小一样的其他道具（即宏观表征物品）比小型的微观表征物品（如孩子们经常独自使用的成套小型人物玩偶）要好得多。对于儿童来说，真实的物品比玩具仿制品更真实、更有趣，通常也更耐用，比如，使用真实的破旧电话机打电话比使用玩具电话机打电话更令儿童感到满足。真实的物品能够让儿童参与并了解实际生活的情况。能够让儿童共同使用的材料也能很好地发挥作用，比如一顶帐篷能够鼓励孩子们一起野营。

（8）**鼓励包容不同的性别和文化**。戏剧表演游戏区要配有男孩和女孩都感兴趣的材料以及能够反映儿童文化经历（家庭的和社区的）的材料。此外，还要考虑提供能够体现广泛的文化背景以及不同能力、不同年龄的人的材料，以加强儿童对多元文化的理解。这些材料包括服装（如披风、短袖套衫、和服、棒球帽等）、烹饪设备（如磨玉米或捣碎原料用的研磨器、瓢、筷子等）以及其他物品（如眼镜框、拐杖）。陈列不同年龄、性别、能力的人的工作照，为儿童的游戏提供支持。各种各样的具有多元文化特点和性别中立的材料，也有助于消除儿童基于人们的外貌或行为而产生的文化或性别刻板印象。

（9）**支持儿童早期的读写与算术**。戏剧表演游戏区要配有能促进儿童早期读写和算术能力发展的材料。儿童在进行早期读写活动和练习数学理解能力时，他们的戏剧表演游戏也能得到促进。教师只需要发挥聪明才智，提供一些道具，帮助儿童以真实的方式进行读写活动和练习数学技能，比如，不管主题是什么，教师都可以在每一个戏剧表演游戏区投放笔记本、马克笔、刻有字母和单词的印章、印泥、旧的电脑键盘和电话。能够鼓励儿童进行读写和算术活动的物品还包括日历、优惠券、饭卡、杂志、视力表、游戏币、秤、钟表等。

（10）**便于儿童进行管理**。确保在没有教师协助的情况下，儿童也能够管理游戏道具。道具的摆放应该方便拿取，便于选择。道具摆放得过于混乱和无序，会给儿童选择物品带来困难。班级内儿童的年龄和特征决定了哪类材料是最适宜的。很重要的一点是安全至上，永远不要投放边缘锐利的物品。电吹风或电饭煲等电器上的电线要拆掉。当儿童使用任何需要特别注意的东西时，要加强对他们的监督力度。虽然漂亮的衣服能够鼓励儿童培养穿衣技能，但罩衫比带纽扣的衬衫可能更适合孩子们。织物也很有用，它们可以被用在很多方面。把小件物品放在带标记的收纳箱中或者以其他方法标明材料在哪个架子上，可以帮助儿童快速整理，方便他们独立保持区域的整洁。

（11）**不要忘记户外**。户外区域也是儿童进行戏剧表演游戏的理想场所。在有沙子、泥土、植被等自然元素的户外空间自由活动时，儿童很容易表演

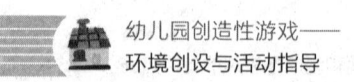

一些想象的情境。也许你见过（或能够想象）一小群孩子在攀爬架下面或者在操场上的一个安静区域内表演自己创作的故事，或者一大群孩子把操场上的器械和追逐游戏纳入更具冒险性的游戏活动中。就像在教室里一样，开放性材料也能够促进孩子们开展户外游戏。骑乘玩具、挖沙工具和孩子们能独立控制的大件物品都能够帮助他们拓展游戏主题。投放轮胎、木板、交通锥和PVC管能进一步激发儿童的创造力和问题解决能力，促使儿童为戏剧表演游戏创建背景。对于与户外环境有关的游戏主题，比如沙滩上的一天、加油站或车库、古迹或野生动物园，操场是特别合适的场所。如果户外空间无法存放这类游戏主题的道具，那么可以把它们放在板条箱或储物篮子里，以便带到户外。

材料来源

　　道具和其他材料的获取不需要费钱费力。有用的材料有许多来源且随处可见：旧货店是道具的宝贵来源；二手商店通常有各种各样的儿童服装；在人们因为搬家而出售的旧货中，也可以找到很多家具和儿童物品；查看一下自己或亲属的衣橱、阁楼或车库，你可能会有惊喜的发现。

　　可回收的家庭用品，如空的食品罐、空箱子、废旧材料等，通常也是可用于储存、建造和拼贴的完美道具。此外，商品的包装材料也是孩子们在游戏中使用的道具。企业也常常有一些余料、废料、样品或停产的商品弃之不用，孩子们可以利用这些材料来储存或制造设备、仪器和道具。对于收到的任何捐献物，你都应通过写感谢信或者在布告板上张贴相关信息来表达谢意。

　　儿童可以使用的废旧物品有以下来源：

* 电器商店和搬家公司——提供大而结实的箱子让儿童建造轮船、城堡、汽车、宇宙飞船和搭建木偶戏的舞台。

* 地毯商店——提供小块地毯样品或边角料（在戏剧表演游戏区使用），

可以用来降低音乐区的噪音。

* 布艺店——提供布匹卷芯的纸板（用于制作写字板、艺术品垫）和布的边角料。
* 画框店——提供磨砂板的边角料。
* 杂货店——提供不同尺寸的盒子、纸袋、商店陈列品以及存放散装食品的容器。
* 厨卫用品店——提供马赛克瓷砖和油毡块。
* 锁具店——提供钥匙。
* 木材市场、五金店、橱柜及家具制造厂——提供木材的边角料。
* 诊所——提供压舌板、一次性口罩和绷带。
* 涂料和壁纸店——提供壁纸样品、涂料纸板桶、涂料搅拌器和色样。
* 水暖设备和建材供应店——提供PVC短管和配件。
* 打印/复印店——提供不同重量、颜色和纹理的废纸。
* 餐馆——提供软木塞和菜单。
* 鞋店——提供鞋盒。
* 电话和有线电视公司——提供易弯折的彩色电线。
* 装潢公司——提供织物边角料和泡沫材料。

家长通常愿意为孩子的班级捐献物品。在每年年初或教师策划特定的游戏主题时，可以向家长发放一张愿望清单，这样做往往会为儿童的创造性活动收集到精彩的材料。支持孩子们的学习体验，家长也能从中获益。对于家长来说，提供这样的支持相对简单。本书附录B提供了一个家庭愿望清单的范例。与购买的那些商品一样，家长自制的物品或捐赠的材料在游戏中具有很大的使用价值。这些材料不仅没有成本或成本很低，而且向儿童和家长展示了你的智慧和创造力。你也可以邀请孩子的家庭成员来制作设备和道具。如果你或学校能为家长们提供原材料和相关的指导，他们往往愿意缝制罩衫、制作木偶玩具或用纸板、木头制作家具。他们也可以从当地企业收集一些剩余的物品来节省你的时间。

戏剧表演游戏区的材料和设备

适用性强的设备和具有多种用途的道具能够支持各种各样的游戏主题，适合所有的戏剧表演游戏区。为特定主题专门添加的道具，能够增强戏剧表演游戏区的吸引力和功能。戏剧表演游戏区应配有足够的材料，可供4~6个孩子一起游戏。一般来说，戏剧表演游戏区的材料主要有以下这些。

大型多功能物品：

*长凳。

*展示标志牌用的画架。

*带挂钩的立式钉板，用于悬挂衣服、帽子和其他道具等。

*不易破碎的全身镜。

*室内攀爬设施，能被遮盖起来变成其他结构（如太空飞船、城堡、外卖窗口等）。

*厨房用具（水槽、炉具和橱柜）。

*儿童用来创建自己的空间和制作"家具"的大块积木。

*存放道具和分隔物理空间用的低矮架子。

*桌子和椅子。

*三折展板。

具有多种用途的道具：

*各种尺寸的篮子和容器，既可用于收纳小物品，也可让儿童用来收集游戏材料。

*毯子。

* 儿童能够自己穿脱且尺寸适当的服装。
* 电脑键盘。
* 玩具娃娃和动物填充玩具。
* 无镜片的眼镜。
* 平纹布块。
* 钱包。
* 方向盘。
* 电话。
* 不易破碎的小手镜。

读写道具：

* 美术用品，如白纸、铅笔和蜡笔等，用于绘制标志牌和海报。
* 带夹子的写字板。
* 带马克笔的擦写板。
* 文件夹。
* 通用的标志，如"打开／关闭"或"退出／进入"。
* 索引卡和卡片档案盒。
* 印泥和刻有字母或单词的印章。
* 便笺。

数学和科学道具：

* 带有长短针的时钟。
* 计算器。
* 日历。
* 收银机、钱盒、游戏币或信用卡。
* 带数字表盘的仪器或控制板。

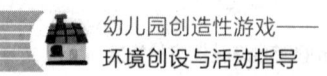

* 放大镜。

* 卷尺和直尺。

* 量杯。

* 秤。

* 票。

* 电话。

* 手表。

创建美术区

创造性美术活动可以在任何地方进行。但是由于美术活动与儿童的交流能力、批判性思维、问题解决能力和概念发展紧密联系，所以专门为它设置一个固定的区域是很重要的。儿童在美术区计划和完成自己的美术活动时，每天都能使用和发展上述技能。它不仅能够培养儿童的独立性和责任感，而且能够提升儿童的审美意识，促使儿童欣赏其他人和其他文化中的艺术作品。美术区就是你班级里的艺术工作室。

在规划美术区时，首先要考虑什么能够使你自己愿意沉浸其中。如何安排空间才能够给你带来灵感？如何摆放材料才可以激发你参与的兴趣？你是否想用这些材料创作东西？是否有明确的地方可以让你进行活动？

如果精心规划的美术区包含以下元素，那么它通常能很好地发挥作用。

（1）**具有视觉吸引力**。就像戏剧表演游戏区一样，具有吸引力和布置得有条理的美术区，能够吸引孩子们参与其中并使他们清楚自己能做什么。开展美术活动用的桌子和画架以及摆放一列列画材的低矮架子，告诉儿童他们可以在这个地方选择如何表达自己。照片、海报、精美的日历以及儿童自己的美术作品都能引发儿童的兴趣，激发他们的灵感。明亮的光线和缤纷的色彩也能为美术区增添美感。

（2）**具有实用性**。美术区是一个工作坊。孩子们在这里进行创造性活动时，有时会把它弄得一团糟，所以，美术区要靠近水源且地面容易清洗，这是很有必要的。准备好报纸和塑料布（如浴帘、塑料桌布、防尘罩等），把它们粘贴到地上。将干、湿画材存放在不同的区域。将画架放置在远离儿童频繁来往的地方。把罩衣或者尺寸改小后的成人衬衫挂在衣钩上，鼓励儿童学会保持衣服整洁。为未干的画作或者未完成的作品提供晾干架，以便使美术区组织有序，孩子们的作品也容易拿取。晾干架可以由厚纸板制成，也可以由纤维板制成，下面垫上一层砖块或者积木。利用垫子或托盘来划分区域，让儿童在其中工作，并把画材放在他们伸手可以拿到的地方。油毡瓦尤其适合用作雕刻、建模、建造较重结构的底座，而且能使儿童在移动未干的或者未完成的作品时更容易一些。独立的工作空间更能吸引儿童的注意力，并吸引他们参与活动。

（3）**活动以儿童为中心**。确保儿童能够使用提供给他们的美术材料，并按照自己的方式表达自我。他们使用的工艺和创作的作品都应该是独特的，而不是基于成人给出的范例去重新创作一个预先确定的作品。你可能需要向全班学生介绍新的美术材料，并向他们示范如何使用特定的工具。但是，张贴完工的作品样品或提供预先裁切好的部件让儿童组装，会使他们失去试验的机会，导致他们囿于教师强加给他们的期望而无法自由地表达自己。这种以儿童为中心的活动方法能够告诉孩子们，他们每个人的想法都有内在的价值。

（4）**配有各种各样的开放性材料**。美术材料本身就具有开放性。相比之下，给书页着色、临摹图案、剪切和粘贴、点对点连线等活动中使用的材料则是不适合的，因为这些材料是由成人或出版商为特定的目的而设计的。它们或许有助于儿童的精细动作控制或手眼协调能力的发展，但不能鼓励儿童进行创造性表达。开放性的美术材料包括纸（如绘图纸、新闻纸、咖啡滤纸、纸盘等）、用于做标记的工具（如马克笔、蜡笔、铅笔等）、切割工具（如剪刀、打孔器等）、用于固定的材料（如胶水、钉书钉、紧固件等）、建模用材料（如橡皮泥、黏土和建模工具等）、绘画和制图用材料（如水彩、蛋彩画颜料、画笔和其他工具等）以及用于拼贴和组装的零碎物品（如织物、毛线、壁纸、大自然中的物品、木材的边角料等）。美术材料的种类几乎是无限的，可以在美术区提供这些基本的材料供儿童选择。但是请记住，太多的选择可能让儿童无所适从。你也没有必要太频繁地更换材料，因为儿童需要时间来探索材料的物理特性，用材料做实验并娴熟地使用材料。

（5）**拥有充足的空间**。美术区要为儿童提供充足的空间，使他们能够开展大型项目，并且几个人同时工作也不会彼此妨碍。儿童的创造性活动进程并不总是遵从班级活动的时间表。他们可能需要超时工作。如果未完成的作品有地方存放，那么儿童回来后可以继续工作，直到将它完成。如果架子上的空间容纳不下儿童未完成的作品，那么可以将这些作品存放在午餐托盘上或者堆放在手推车、晾干架上。你会发现，用纸板制成的小柜子也能够发挥此作用。

（6）**布置得井然有序**。当儿童身处的环境是可预见的，知道在哪里能找到材料的时候，他们会更加具有创造性。尽管强调环境整洁可能阻碍儿童的创造性表达，但是过于杂乱的空间会让儿童不知所措，也让他们难以集中注意力。杂乱无序也削弱了美术区的吸引力，降低了最初想为儿童提供艺术体验的热情。制订一个简单的组织管理计划将有助于归拢材料，提升儿童维护美术区整洁的责任感，使清理工作变得更容易一些。把纸和类似材料分组存放在低矮的架子上；把工具和用品存放在标记清晰的收纳箱中；在架子上用实物的照片、图案或者样品标明材料的具体放置地点。当每件物品都有了一席之地后，美术区就能高效运转了。儿童可以独立找到这些物品，并在使用完后把它们放回原处。

你可以将重点强调的物品放在桌子中央的显眼处，以便吸引儿童的注意力,帮助他们建立联系并鼓励他们对这些物品进行探索和实验。如果你已经向儿童介绍了某些特定的活动或者已经展示了工具,那么这一点尤为重要。即使你已经投放了几种材料,也应该让儿童觉得他们仍然可以自由地添加材料,或者把这些材料更换为他们更感兴趣的材料。

(7)**教室之外**。正如对于戏剧表演游戏一样,室外也是让儿童开展表达性艺术活动的好地方。孩子们可以用水涂刷墙壁和操场上的设施,用粉笔在人行道或者柏油路上画画,在钉到栅栏上或挂在晾衣绳上的纸上创作壁画。一些容易搞得乱糟糟的活动,比如脚印画或喷壶水彩画,最适合在户外进行。野餐桌也是很好的工作台,可以让儿童使用用托盘从美术区带出来的材料。在室外展示儿童的作品,可以强化儿童的中心地位,提升他们的兴趣。

美术区的材料和设备

各种各样的绘画、建模、雕刻、拼贴以及建造工具和材料,吸引着孩子们去探索各种可能性、去解决问题,以及用二维和三维的形式来表达自己的想法。一般来说,美术区的材料包括以下这些。

设备:

* 黏性软木砖,用于制作展板。

* 晾干架。

* 画架。

* 黑板。

* 盛放美术作品的小柜子。

* 低矮的架子。

* 桌椅。

* 多功能轮式小推车。

可重复使用的美术用品:

* 各种绘画工具(如不同尺寸的画笔、牙刷、海绵、滴管等)。

* 餐厅的托盘。

* 调色盘(如带分隔的塑料盘)。

* 儿童剪刀(既有适合左手用的,也有适合右手用的)。

* 颜料调配棒。

* 画材收纳器(如冷冻果汁罐、咖啡罐、大的爆米花罐、塑料盆、盒子等)。

* 带夹子的写字板。

* 罩布、浴帘、塑料桌布。

* 打孔器。

* 用于搅拌和涂抹的厨房用具。

* 覆盖在工作台表面的油毡。

* 制模工具(叉子、擀面杖)。

* 盛放颜料用的松饼盘或泡沫蛋托。

* 馅饼盘。

* 橡皮图章和印泥。

* 尺子。

* 画屏风画用的屏风。

* 工作服、适合儿童使用的围裙或者尺寸改小后的衬衫。

* 喷壶(用于打湿水彩纸或稀释颜料)。

* 订书机。

* 适合儿童使用的扫帚和簸箕。

美术耗材:

* 各种拼贴材料:布块、纸片、壁纸、砂纸、毛线、包装纸、丝带、纽

扣、贴纸、珠子、棉球、其他质地的材料等。
* 各种手工用品：能活动的眼睛、羽毛和绒球等。
* 宾果游戏笔。
* 粉笔。
* 黏土。
* 咖啡过滤纸。
* 小棍或压舌板。
* 蜡笔：常规的和可反映多元文化的。
* 蛋托。
* 胶水。
* 挂钩。
* 马克笔：常规的和可反映多元文化的。
* 大自然中的物品：种子、松果、贝壳、干花、石头和叶子等。
* 颜料：粉状或液体蛋彩画颜料、手指画颜料、液体或块状固体水彩颜料、丙烯颜料。
* 纸巾。
* 彩色粉笔。
* 铅笔。
* 不同大小、颜色和质地的纸。
* 纸盘。
* 浆糊。
* 绒条。
* 橡皮泥。
* 可回收的物品：盒子、瓶盖、瓶塞等。
* 胶带。

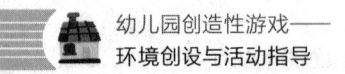

创建音乐区

音乐和运动是儿童早期教育课程中不可或缺的一部分。在圆圈时间或者其他室内集体活动时间,儿童经常会把唱歌游戏和创造性舞蹈融入活动中。此时,儿童需要有充足的空间,以便自由地走动。不过,音乐区的空间可以相对小一些,只要让儿童能够在这里倾听音乐并创造性地利用音乐材料和动作来独立地表达自己就可以了。

下面这些注意事项可以帮助你设计一个富有吸引力的音乐区。

(1)**提供视觉上的吸引力**。环境整洁、材料有趣的音乐区对儿童有很大的吸引力。把各种乐器和其他发声材料放在低矮的架子上或者挂在钉板上;展示来自不同文化的人演奏乐器和跳舞的照片;展示与音乐有关的海报,以表明该音乐区是为了让儿童进行音乐探索和表达的;把儿童喜欢的歌曲的歌词和乐谱张贴出来。

(2)**考虑实用性**。为了确保从音乐区里传出的声音不会打扰教室里的其他活动,要把该区域与教室里的安静区域分隔开。使用吸音材料——比如地毯、抱枕以及挂在墙上和从天花板上垂下来的织物——来降低噪音。提供耳机和其他不会发出过大噪音的乐器。用厚布把桌子的三面围住,制作成有趣的洞穴,让儿童在里面探索音乐。把小的物品放入收纳箱,并用标签、自粘纸或照片注明物品所放的位置。由于音乐总是伴随着动作,所以要保证音乐区有足够的空间可供几名儿童用舞蹈来表达自己。

(3)**提供各种各样的乐器**。让儿童接触不同类型的音乐和乐器,促进他们对当前流行文化之外的音乐风格的欣赏。提供各种各样的乐器,鼓励儿童进行音乐探索。在这一过程中,他们将发展听力技能,提高协调能力,理解节奏感和音乐的表达方式。确保经过稍加指导,儿童就能使用其中大部分材料。尽可能购买高质量的、能够使用数年的乐器。除此之外，还可以增加一些发声材料，比如，用密封箱中的大豆制成的振铃、用燕麦片的盒子制成的鼓、用橡皮筋制成的吉他和砂纸板等。要提供来自各种不同文化的乐器，以便提高儿童对不同文化遗产的鉴赏力，比如，来自非洲的拇指琴、来自拉丁美洲的沙球和雨棒、来自中东地区的指钹、来自日本的拨浪鼓、来自夏威夷的四弦琴，等等。你甚至可以提供一个小型电子琴，用不同颜色将音符标示出来，并配上歌曲卡，以鼓励孩子们弹奏熟悉的乐曲。你还可以提供一些带插图的歌本，让儿童有机会把书写符号与音乐联系起来。

（4）**提供额外的材料。**当儿童把音乐融入游戏时，他们会本能地跟随音乐运动。提供一个容器，并在里面放一些道具（比如丝巾、彩带和结实的全身镜等），以鼓励儿童跟随音乐翩翩起舞。如果可能，使音乐区尽量靠近戏剧表演游戏区，这样儿童就能选择戏剧表演游戏的道具和服装，以音乐和舞蹈的形式来进一步表达自己。

（5）**提供声音设备。**为儿童提供他们能够独立操作的 CD 播放器或录音机，以及适合他们使用的耳机，这样，他们就能够从不同的体裁和文化中选择最有意义的歌曲和乐器。还要提供相关音乐主题的图画书让儿童"阅读"，以完善他们的体验。

（6）**把音乐带到操场。**对于某些类型的声音游戏来说，室外环境要比室内空间更适合。可以把某些自制乐器放在室外，比如带有发声材料的音乐墙、用悬挂在树上的金属器皿或 PVC 管制成的风铃、用倒置的水桶或金属浴盆做成的大鼓，等等。当把室内音乐区的道具投放到户外时，通过教师的推动，能够进一步促进儿童以音乐和动作来进行创造性表达。

音乐区的材料和设备

材料配备充足的音乐区能够鼓励儿童探索音乐、回应音乐、体验自己创作音乐并随音乐而动的快乐。材料配备充足的音乐区也能促进儿童的知觉能力和对不同类型的音乐的欣赏能力的发展。音乐区包括的材料和设备如下。

设备：

* 带耳机的CD播放器。
* 抱枕。
* 不易破碎的全身镜。
* 盛放较小物件的带标签的篮子或其他容器。
* 陈列材料用的低矮架子。
* 小舞台区。
* 带耳机的录音机。

乐器：

* 竖琴。
* 铃铛：手铃、牛铃、串铃、碰铃、腕铃。
* 响板。
* 鼓。
* 指钹。
* 沙球。
* 雨棒。
* 节奏棒。
* 振铃和摇铃。
* 小型电子键盘。
* 手鼓。
* 敲琴。
* 三角琴。
* 夏威夷四弦琴。

*木琴和木槌。

其他材料：

* 带有歌词的歌本。
* 指挥棒。
* 手电筒或光纤灯。
* 可与之共舞的大型玩偶。
* 坏了的或功能正常的麦克风。
* 非传统的发声材料：气泡膜和厨具。
* 创作音乐使用的纸、铅笔或马克笔。
* 投影仪、屏幕或床单（供儿童跳影子舞蹈使用）。
* 丝巾或彩带。
* 活页乐谱。

管理时间

　　投入某一活动的时间长短标志着我们认为该活动的重要性。如果我们重视创造性游戏，把它看作儿童发展和学习的重要渠道，那么就应为它安排充足的时间。儿童全身心投入高质量的游戏是需要一段时间的。在社会性戏剧表演游戏中，儿童在进行假装活动之前必须共同决定主题、商定角色、收集道具。游戏前的准备工作有时是相对较快的过程，在孩子们彼此熟悉时便是这样，但是要想把游戏充分表演出来则需要花费较长的时间。如果没有足够的时间，儿童更有可能去探索和模仿成人的角色与大众媒体中的人物角色，而不是合作创作他们自己的故事。充分参与其他创造性活动也需要充足的时间。在开始进行自我表达之前，儿童必须首先做出选择，找到材料并弄清楚

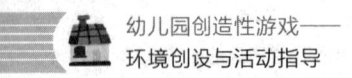

如何使用它们。每个孩子从事创造性活动的过程都是不同的，因此他们需要按照自己的步调工作，比如，一个儿童在10分钟之内就能用粗线条勾勒出自画像，而另一个儿童可能要花30分钟画他自己衬衫上的图案的具体细节。如果儿童感到匆忙或者有压力，那么他们就很可能不会从这些对他们来说具有个人意义的创造性活动中受益。他们需要时间去使用材料并以自己的方式与之建立联系。

由于以上原因，较长的时间段比较短的、间断性的时间段更有利于激发儿童从事高质量的戏剧表演游戏和其他创造性活动。45~60分钟的不间断的游戏时间，同时伴随着自我指导和自我表达，能够支持儿童进行有深度的、有目的的游戏。这个时间长度能够使儿童有机会发挥主动性，把计划坚持到底，并培养其独立性。这也使得他们在完成第一个活动后能够转向新的活动，同时由于不涉及全班儿童一起进行活动的转换，所以也更容易管理。

在不同的幼儿教育机构中，创造性游戏时间也有不同的命名，比如区域活动时间、选择时间、工作—游戏时间，等等。日常活动的一贯性有助于儿童获得安全感并培养其独立性。在预先安排的创造性活动时间内，儿童应该有足够的灵活性，以便选择自己想玩的区域。你可以在晨会时向孩子们介绍这一天都有哪些活动，并问问他们计划做什么。这样做能够促使他们发挥主动性，培养他们制订计划的能力以及自我调节的能力，而所有这些都是必不可少的执行功能。

当某一个区域整个一周内都设置了同样的材料和活动选择时，所有儿童都有机会在那里进行游戏。这使得儿童能够在一段持续的时间内选择并待在特定的区域。针对区域做出的周计划允许儿童返回对他们来说特别有吸引力的活动中，或者继续进行创作活动。在每周的其他日子里，儿童可以全身心投入其他区域中。相反，每天让儿童在各区域间轮换，则会减少他们发展上述执行功能的机会，也使得他们不能深入参与活动。为每个区域安排一个特定的时间量并要求儿童在时间到了之后必须转移到下一个区域，对于教师来说可能很方便，但有些儿童在这段时间内能够完成活动，而有些儿童则只是刚刚开始活动。每个区域的活动时间计划应该遵从儿童的兴趣和活动参与度，而不是根据时钟来制订。

下面的日常作息时间表都强调要为儿童的戏剧表演游戏和其他创造性活动安排充足的时间。

半日制幼儿园日常作息时间表

8:45—9:00	入园
9:00—9:20	集体活动（开场白和计划）
9:20—10:20	区域活动
10:20—10:30	整理活动
10:30—10:45	集体活动（故事、歌曲、分享项目）
10:45—11:15	小组活动（点心时间，然后是师生发起的活动）
11:15—11:45	户外游戏，然后离开游戏场地

全日制学前班日常作息时间表

7:45—8:15	入园
8:15—8:45	全班开放活动时间
8:45—10:30	上午活动时间（自主学习区，与老师一起进行小组学习）
10:30—10:45	分享和回顾
10:45—11:15	午餐
11:15—11:45	户外休息
11:45—12:30	安静时间（阅读体验分享、日志写作）
12:30—12:45	集体音乐活动时间和运动时间
12:45—13:45	下午活动时间（自主学习区，与老师一起进行小组学习）

续表

13:45—14:15	特殊活动时间
14:15—14:45	下午会议（反思、整理书包、放学）

恰当地利用科技

儿童正处在科技产品的包围之中。他们很可能会看到父母使用互联网、用手机给朋友发短信，他们也很可能看到大一些的孩子玩电子游戏，看到杂货店里有扫描仪，看到儿科医生的办公室里有计算机。屏幕媒体几乎是无法逃避的。在成人学会使用这些科技工具的同时，它们也成了儿童生活的一部分。孩子们对它们已经习以为常。如同对世界上的其他东西一样，儿童对这些科技工具很感兴趣，喜欢探索、学习和使用它们。

人们对幼儿使用科技产品非常担忧，甚至科技公司的首席执行官们都限制自己的孩子使用科技产品，因为他们担心过早使用科技产品或过度沉迷于科技产品会影响儿童对真实世界的体验，妨碍他们进行人际交往，减少他们的身体活动和动手体验的机会，抑制他们的创造性思维的发展。也许像我一样你也见过这种情景：一名2岁儿童坐在父母的购物车中，目不转睛地盯着手里的设备，而不去注意、谈论超市里应该要了解的任何东西。你可能对下列场景也很熟悉：孩子们模仿视频中的暴力行为，而不去创作自己的戏剧情境；与现实世界相比，孩子们感觉在数字虚拟世界中更加舒适。

专业组织和早期教育专家都认为，如果科技能够激励儿童进行对话和互动，加强儿童对学习的投入度，那么它们就可以有效地被整合到幼儿的学习活动中。对于想象性的活动也是如此。如果恰当的科技可以激发新的游戏方式和新的思想交流方式，那么它就能鼓励儿童进行创造性活动。但是什么时候使用科技产品、使用多少科技产品和使用什么类型的科技产品来鼓励儿童进行戏剧表演游戏和创造性活动,这得由你来决定。如果科技设备会分散儿童的注意力,使他们不能持续地进行创造性活动,那么你就应该把这些科技设备用于其他目的或弃之不用,比如,一些数码设备的声音和虚拟展示效果会导致儿童独自进行探索,把他们的注意力从创造性活动中移开,并干扰正在进行的班级活动。

戏剧表演游戏区、美术区和音乐区使用的任何科技设备都应能增强儿童与具体材料和同伴的互动。它还应该赋予儿童表达自己思想的新方法。科技设备和软件的快速创新很快就可能为你的区域提供其他合适的补充,但在引入这些科技设备或其他类别的科技设备时,要慎重权衡它们的利弊。为了增强儿童的创造性表达,你可以考虑在区域中添加以下科技工具。

戏剧表演游戏区:

* 数码相机——供儿童拍照或者录制游戏视频。

* 电子秤或电子计算器。

美术区:

* 数码相机——供儿童拍摄美术作品。

* 与电脑和投影仪连接的交互式白板。

* 电脑上的开放式绘图或画图程序。

* 投影仪或文档扫描仪。

音乐区:

* 制作音乐的计算机程序。

* 数码相机——供儿童拍摄音乐和舞蹈活动。

* 数码麦克风和 CD 播放器——供儿童记录和倾听自己的歌曲。

* 电子键盘。

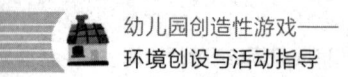

* 卡拉 OK 机。

有很多科技工具可以帮助你为儿童搭建游戏的舞台：

* 软件程序可帮助你快速、轻松地制作标志牌、标签和其他图案道具。

* 一些与教学相关的网站有可供打印的标志牌和标签。要仔细选择你想用的，避开那些约定俗成的。所选择的内容要能够强化孩子们的体验，而不是降低他们的主动性，使他们需要更多的指导。

* 软件可帮助你和孩子们创建美术作品集，并附有孩子们对自己作品的描述。

* 教师博客上的照片可为你提供创建戏剧表演游戏区、美术区和音乐区的思路。

* 在互联网上搜索与特定主题相关的图片并展示出来，这样做能够激发孩子们创造性表达的热情。

* 在互联网上搜索可以帮助你把不易找到的音乐片段以及音乐和舞蹈表演的视频带到教室。

* 儿童美术作品的照片、扫描件以及录制的音频或视频都可以压缩保存，以便将来开展项目教学活动时使用，或者把它们存放到儿童的成长档案袋中。

关于在儿童生活中利用科技来说明创造性游戏的重要性的技巧，请参阅本章的"家庭参与"部分。

策划游戏和创造性活动

布置富有趣味的环境并配备开放性材料，是促进儿童的戏剧表演游戏和创造性表达的第一步。在儿童到场前，这些工作大部分都已经完成了，但我们不应就此止步，在儿童到场后，依然还有很多种方法能鼓励他们进行创造性游戏。有些策略支持所有孩子的游戏，有些策略则基于你对个别儿童的了解和观察。

（1）**了解儿童的兴趣**。在分组讨论时，听听儿童的对话和评论。看看他们在游戏场地做了些什么。在游戏场地，他们通常能自由地构建自己的活动。通过他们所说的话和所做的事，你能更多地了解他们的兴趣和关注点，能获得与主题和活动相关的点子。比如，儿童用沙子做篝火或者给自行车充气时，说明他们对这些过程有一定的了解。这时，在戏剧表演游戏区开展露营或加油站游戏则有助于增强儿童的理解力，同时发展他们的其他技能。

（2）**营造轻松、无风险的氛围**。当儿童觉得自己的想法和表达形式得到认可和重视时，他们往往会更加自由、灵活地游戏和学习。当活动区的氛围是无风险时，他们能够进行实验、创新，并从创造性游戏中真正获益。如果他们担心他人会按照一个特定的标准对他们进行评判，那么他们就很容易遵从他人的期望。

（3）**示范玩乐的态度和创造性表达**。你的态度、方法和参与能激发儿童的创造力。与儿童谈论你感兴趣的东西；向他们说出你想到的各种可能性；向他们展示你学习新东西时的兴奋感；大声嘲笑自己的愚蠢行为；与儿童一起唱歌、跳舞，记住，不要让儿童关注你的嗓音如何或者你的舞姿是否优美。你的参与和热情对他们才是重要的。可以关上教室的门，如果这能让你感到更轻松的话。

（4）**提供背景经历**。儿童的第一手经历是其进行创造性游戏的原材料，可以帮助儿童熟悉家庭和屏幕媒体之外的主题和角色。

（5）**阅读与讲故事**。无论阅读还是讲述，故事都能引发儿童的想象力，激发他们进行各种各样的符号表征。在阅读故事时，邀请儿童做出声音效果或手势动作。通过使用与故事有关的玩偶或者重演故事来鼓励儿童参与创造性游戏。向他们提一些关于故事元素或人物行为和情感的开放性问题。

（6）**邀请客人来谈谈他们的工作或爱好**。邀请那些所从事的职业对儿童特别有吸引力的人来到班级，如消防员、兽医、公交车司机、医护人员、建筑工人等。客人可以身穿制服前来，也可以在现场展示工作设备或当场让儿童参与假扮场景，上述做法对于促进儿童以后的戏剧表演游戏特别奏效。

（7）**策划短途旅行活动**。走出教室的旅行能够拓展儿童的世界，为他们提供共同的经历。回到教室后，儿童能够在游戏活动、美术活动、音乐活动和运动中处理和应用这些信息。短途旅行既可以近在咫尺，也可以远在野外。想象一下，以下所列的短途旅行活动如何才能成为戏剧表演游戏和创造性活动的催化剂。

校园内的徒步旅行：

* 自助餐厅或厨房。

* 传达室。

* 图书馆。

* 办公室。

* 校车。

社区内的徒步旅行：

* 社区花园。

* 建筑工地或道路施工场地。

* 消防局。

* 杂货店。

* 中学音乐教室。

* 洗衣店。

* 图书馆。

* 社区内的企业（餐厅、银行、面包店、维修店、车库）。

实地考察旅行：

* 美术馆。

* 儿童剧院。

* 市政厅。

* 舞蹈工作室。

* 医生或牙医的办公室。

* 工厂。

* 农场。

* 博物馆。

* 宠物店。

* 苗圃。

* 电视台或广播电台。

* 交通枢纽（机场、汽车站、火车站、港口）。

* 宠物医院。

* 动物园。

（8）**利用意想不到的事情**。计划外的事件，比如打雷下雨、学校门前道路施工、某个儿童养的小狗生了小狗等，都可以激发儿童的想象力，成为他们创造性游戏的基础。与儿童谈论这些事件之后，可以添加戏剧表演游戏的道具以及相关的美术和音乐材料，促使儿童充分利用这些事件提供的机会进行学习。针对这些事件，你可以添加关于建筑或者兽医的道具、木材的边角料、干的蛋彩画颜料、喷壶和雨棒等。

（9）**与儿童一起策划**。只要有可能，就让儿童参与创建戏剧表演游戏区。你可以提出如下问题：

* 我们应该如何安排家具？

*我们应该配备或添加什么材料?

*你能够使用自己制作的东西作为道具吗?

*你可以从家里带来一些物品吗?

当孩子们看到自己的想法得到满足时,他们的参与会特别有意义和令人满意。家庭也是游戏材料,尤其是与其文化背景相关的材料的绝佳来源。向家长"适当索取材料"是鼓励家长参与和进一步建立家园联系的简单方法。

(10)介绍活动。跟儿童谈谈你放置在区域里的材料。通过询问儿童对一些特定主题的了解以及帮助他们策划要做什么,激起他们的期待感和兴奋感。向儿童演示如何使用一些不熟悉的新道具或物品。

(11)制定区域使用指南。帮助儿童理解在每个区域游戏时需要遵循的简单规则,比如,"物品使用完后,要放回原处"。儿童需要知道在材料和空间都有限时该怎么办。他们在等待、轮流和分享时都需要得到指导。当然,与儿童谈谈班级的基本准则和期望也是必要的。但是,视觉提示能够强化规则,支持儿童的自律能力的发展。比如,如果一个活动区的空间只能容纳4名儿童,那么可以粘贴一张写有该数目的图表,或者放置一个只有4个位置的插卡袋或4个挂钩,供儿童放姓名卡用——这些都可以提醒儿童,这个区域只能容纳4个孩子。签到表或取号制度也能帮助儿童知道什么时候该轮到自己游戏。美术区的托盘为儿童提供了个人工作空间,可消除他们之间的冲突。当儿童学习等待、轮流和分享时,他们需要你随时在场,演示这些制度如何发挥作用。

(12)腾出时间去观察。观察儿童如何使用材料和如何互动。可以问自己,如果添加或替换道具会不会进一步鼓励儿童参与?当儿童参加其他同伴正在开展的游戏或开始游戏时,他们是否需要你的支持?你是否能够不着痕迹地帮助他们继续游戏,从而让他们获得最大的收获呢?经常观察儿童的游戏,可以帮助你了解如何有效地鼓励儿童进行游戏。

推动创造性游戏的开展

作为"舞台管理者",你的作用不仅限于提供时间、空间和材料。有些儿童需要你给予温柔的鼓励才能参与游戏活动,有些儿童则需要你的指导才能与其他儿童友好游戏。有时,你可能需要帮助他们参与较高水平的、持续性的、合作性的、有意义的游戏。游戏开始后,与儿童进行互动能促进他们的游戏,增加他们学习的机会。尽管如此,你的目标也应该是让儿童参与他们自己选择和组织的创造性游戏。你对活动的干扰或主导会减少活动带来的益处。

要决定何时和如何推动儿童的游戏,首先要观察儿童的互动并思考儿童行为的潜在原因。尽量从儿童的视角而不是从你自己的视角看待事物。倾听儿童正在努力交流什么,看看他们正在试图做什么,如果不确定,可以问他们一些开放性问题。了解每个儿童的发展特点、需求和兴趣,有助于你选择干涉最少的策略,帮助儿童从创造性游戏中获得最大的收益。你支持这个儿童与支持另一个儿童的方式应是不同的。在使用剥夺儿童控制权的策略时尤其要小心,因为一旦使用这种策略,游戏就成为成人主导的活动了,儿童不再控制游戏的过程。不论采取哪种策略,其目标都是帮助儿童前进,而不是代替他们前进。太急于解决他们的问题,就剥夺了他们丰富而有意义的学习机会。

推动儿童开展游戏的策略是一个连续体。在这个连续体上,教师或多或少会参与其中,比如,帮助儿童策划游戏,指导儿童获得特定的技能。作为推动者,教师要根据具体情况和每个儿童的参与程度进行角色的转变。

教师在推动创造性游戏的开展中的作用

你使用的策略既可以在游戏情节之外,也可以在游戏情节之内。比如,询问儿童想要做什么或者添加游戏材料,就是游戏情节之外的策略;而成为玩伴就是游戏情节之内的策略。

(1)**策划游戏的助手**。帮助儿童策划游戏能够丰富他们的游戏内容,即使对于最棒的游戏者来说,也是如此。在为游戏创设了最初的条件之后,询问儿童他们打算假扮什么或创造什么。它可能是一个简单的问题,比如,"你今天打算做什么呢?"它也可能通过对话引导儿童思考要与谁进行游戏、需要什么材料、可能会发生什么。策划是组织、推理和制定决策这些执行功能的一部分。儿童的回应将有助于你帮助他们认识和思考潜在的问题。儿童的回应也能帮助你了解是否需要添加额外的道具或材料,是否需要重新布置区域来适应他们的想法。鼓励儿童提前策划使你有机会提出问题和给出建议,以进一步促进儿童的游戏。

(2)**旁观者**。对全身心地沉浸在有序开展的游戏中的儿童进行观察是一种真正的乐趣。你几乎不需要做什么来推动游戏。你只要在旁边观看,以身体语言表达赞赏,也许还要加点评论来表明你重视他们的游戏,比如,"看起来你们玩得很嗨!"当你靠近他们时,他们就知道可以要求你提供材料或协助,而你可以做出相应的回复。作为旁观者,并不意味着你照料其他事情而任由游戏发展,而意味着你需要时刻关注儿童的游戏并随时准备提供帮助。在这个过程中,你将更多地了解儿童的发展,了解什么时候实施干预可能会促进他们的学习。他们在表达想法或与他人合作时是否需要帮助?你也能够评估所提供的空间和材料利用得如何,从而进行必要的调整。儿童是否有充足的材料可以使用?材料是否太多?儿童是否能够独立使用它们?当儿童改天再来到区域时,增加新的材料或工具是否能够丰富他们的游戏内容,促进他们的自我表达？

（3）**台下的支持者**。作为旁观者，你可以判断什么时候与儿童互动是必要的。干预儿童的游戏主要有两个原因：一是帮助推动游戏或维持游戏，二是调解冲突。除了从整体上促进儿童的创造性游戏之外，对儿童的游戏进行干预还要考虑个别儿童的情况。比如，如果一个儿童需要提高口语表达能力，增强自律性或毅力，那么创造性游戏就为培养他的这些能力提供了绝佳的环境。

（4）**支持和维持游戏**。深思熟虑的问题和评论能够促进和拓展儿童的创造性游戏，帮助儿童形成自己的想法。

* 保证游戏继续进行，并给予儿童新的方法来思考正在做的事情。比如，"今天你在餐馆做了什么工作？""小狗的爪子受伤了，你能照顾它吗？"
* 建议儿童使用一些新材料或者尝试不同的东西。比如，"这些是为你的病人准备的绷带。""你可以用这个东西制作标志牌吗？"
* 鼓励儿童进行合作。比如，"玛丽，你能向小玉演示一下怎样制作篝火吗？""你能为史蒂维腾出一些地方吗？""乔治，我看到泰龙在卖电影票，你想买一张吗？"
* 为儿童提供直接的帮助。比如，"看起来你需要一些帮助。"
* 在儿童明显需要帮助时，向他们演示材料或工具的使用方法。比如，"当你这样使用画笔时，把它放在你想放的地方会更容易一些。"
* 详细描述儿童正在做的事情。比如，"嗯，你做的汤闻起来很香。你加了大米、蔬菜、鸡肉和盐。你有足够多的碗给朋友们使用吗？"

（5）**调解冲突**。即使在最富有吸引力的环境中，也可能会发生冲突。在儿童早期教育的班级里，由材料和空间导致的分歧是很常见的。由于幼儿的语言和自律能力正处在发展期，因此他们很容易动用武力或进行威胁。他们也会把自认为会扰乱他们游戏的人排除在外。给儿童时间，让他们自己尽力解决不涉及攻击性行为的问题。这样做可以帮助他们获得宝贵的解决冲突的技能，让他们学会对自己的行为负责。而当他们的行为或言语伤害了其他儿童时，直接干预是必要的。对儿童的不适宜行为做出回应和帮助儿童解决争端，在不同的场合要采取不同的策略。

* 使用"我们"这个词来强调班级规则。比如，"在学校里，我们不能打其他小朋友，有什么事我们都要跟老师说。"
* 安抚感到沮丧的儿童。把他们带到一个私人空间，给他们一些小玩具（比如动物填充玩具或积木等）让他们玩，直到他们冷静下来后再让其重新加入游戏。这种策略不同于限时隔离（time out）策略，限时隔离策略是把儿童与其他儿童隔离开。
* 诠释儿童的行为，同时检验自己的理解是否正确。比如，"你似乎需要更多的空间。""你们两个看起来都想戴那顶帽子。""你是不是还没有完成那幅黄色的图画？"
* 倾听每个儿童的心声。提出问题，以帮助儿童思考他们可以采取哪些措施来解决冲突。比如，"为解决问题你做了什么？""你还能尝试做些什么来使你们两个都高兴？""如果那样做，你认为会发生什么呢？"
* 支持儿童交流自己的想法。在询问了儿童需要什么之后，帮助他们使用他人能理解的语言表达出来。比如，"我需要这支蓝色蜡笔。""我想自己制作玉米小圆饼。""我可以当小妹妹。"
* 帮助儿童把自己的行为与该行为的后果联系起来。比如，"卡登，你把塔艾撞倒了，导致她的膝盖擦破皮了。你怎么做能让她心情好点呢？"
* 给予描述性反馈，承认和强化儿童的积极行为。你的任何干预，其目标都应该是帮助儿童获得社交和情感技能，让他们自己解决冲突。当他们把这些技能付诸实践时，要对他们所做的事予以肯定，这很重要。比如，你可以说："我听说你和米莎在争论谁当兽医，你决定轮流当，

这是一个好主意。""你不小心把阿普里尔的包撞翻了，但你又帮她把掉出来的东西装了回去，你做得真好。""你帮忙把所有野营装备都收好了，你真了不起。"

（6）玩伴。对儿童游戏更积极的推动发生在游戏框架内。如果你担任游戏脚本中的一个小角色，那么你就可以自然地加入游戏。在游戏中通过扮演角色和示范游戏行为，你可以丰富和增强游戏。你可以使用语言和行动来支持个别儿童或做出评论，或者提出想法来帮助维持游戏甚至改变游戏的进程。比如，如果你观察到儿童在模仿媒体上看到的人物，那么就可以提出新的主意，帮助其改变故事的叙事。超级英雄不是对抗坏人，而是拯救受伤的人并把他送到医院；公主不只是打扮得"看起来漂亮"，而是能够照顾病人，保护他人脱离危险。你的参与会增加游戏情境的复杂性。即便如此，你也要注意从儿童那里得到线索，而不是成为指导者，这是非常重要的。儿童必须对游戏保持控制力和所有权。

* 吸引儿童到区域中来，为那些犹豫不决的儿童提供安全感，吸引他们关注某些特定的材料。
* 邀请犹豫不决的旁观者加入游戏。比如，"曼尼，我们要出去吃披萨，你想跟我们一起去吗？"
* 诠释游戏脚本，演示游戏技能（如分享）。比如，"我们要给我们的小宝宝洗澡，但只有一个浴盆，所以我们必须分享。"
* 在游戏情境中加入不同的元素，拓展游戏内容。比如，"我希望面包店也能制作三明治，这样会吸引更多顾客。"
* 当游戏进行不下去时，要引入新的想法。比如，"有人受伤了，你能叫辆救护车吗？"
* 拓宽儿童对于男孩能做什么和女孩能做什么等概念的理解。比如，女教师说："我要戴上消防帽去灭火。"男教师可以说："我要穿上围裙去

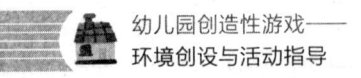

烤制点心。"

* 向儿童示范社会行为和积极的行为。比如,"你做完后可以轮我做吗?""这个婴儿哭了,我要这样去安慰他。"

(7)辅导员。 缺乏经验的游戏者或者游戏技能有限的儿童可能需要你的帮助,以便加入其他同伴正在进行的游戏,而不会打断游戏或者不被拒绝。

* 首先帮助儿童明确他想玩什么游戏或者选择什么材料。比如,"你今天准备好玩什么了吗?是玩邮局游戏还是绘画?"
* 教儿童学会提问。比如教他们这样说"我怎样才能加入游戏",而不是"我能加入游戏吗"。前者是一个开放性问题,它能够鼓励其他儿童想办法让新来的儿童加入游戏。而对于后一个问题,他们很容易说"不"。
* 与儿童一起观察游戏,帮助他们确定游戏的主题。比如,"你认为他们在做什么?""你认为他们在玩医院游戏吗?""他们在卖演出票吗?"
* 与儿童深入讨论他们在游戏中能做什么,他们是否能够担任角色,添加道具或者提供某种帮助。如有必要,演示如何用言语介绍他们的想法。
* 帮助儿童获得基本的游戏技能。在帮助儿童进入游戏之前,有一小部分儿童可能需要你直接示范常见的游戏主题和系列动作。作为他们的游戏伙伴,你可以指导他们获得社交、情感和认知技能——这些技能将使他们以后能够与一名或多名同伴一起游戏。

注意事项

游戏是十分脆弱的。对儿童游戏干预不当,会打断游戏或彻底结束游戏。当游戏由教师主导而不是以儿童为中心时,就违背了自由选择和内在激励这

些创造性游戏的特质。如果儿童不再控制行动，他们就无法从游戏中获得有价值的同等机会，他们也就无法自由地表达自己或获得对于学校内外成功至关重要的基本技能——自律、象征性思维、社交和问题解决能力、毅力、自信心、对自己成就的满足。你的目标应该是以干扰最少的方式，推动和拓展精心编制的创造性游戏，使其成为儿童发起和主导的游戏。

需要避免的事情：

* 打消儿童所拥有的想法。
* 尝试教授学业技能。
* 急于解决儿童的问题。
* 纠正儿童的"错误"。
* 未收到请求，即给予建议。
* 儿童正玩得兴高采烈时，在他们游戏的过程中或创造的产品上强加自己的想法。
* 发出指令。
* 机械地按照日程表和严格的日常规范执行。
* 催促儿童结束。

为了避免打断游戏，要问问自己：谁在控制游戏？谁的思想在主导游戏？谁在做出选择？正在描述的是谁的体验？

让游戏看得见

以语言、图像或视频方式捕捉儿童的所作所为，要强调通过游戏进行学习，这样做的好处有很多。

* 证明和尊重了儿童的努力，放大了儿童的声音。

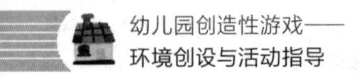

* 鼓励他们重新审视所做的事，思考那些体验以及他们是如何弄明白的。换句话说，这会帮助他们思考自己的想法，进一步建构意义。
* 激励他们通过语言和更复杂的游戏进行更多的表达。
* 使你能够理解和进一步阐述他们的所作所为。
* 帮助你提供适当的反馈，增强儿童的主动性、毅力、问题解决、创新和协作能力的发展。
* 为创造性游戏促进学习提供了具体的证据。
* 更容易与家庭、同事和上司分享儿童在游戏中学习的体验。

不同类型的创造性表达有不同的记录和展示方式。要对儿童参与创造性游戏的方式进行日常记录——简要的手写笔记即可；为戏剧表演游戏的情节拍照或录制视频，供儿童回看和讨论；为参加美术项目的儿童拍照，捕捉他们的活动流程。尽可能拍摄有故事内涵的照片。拍摄一系列关于游戏和创造性表达如何演变以及儿童使用的流程的照片，有助于使他们的思维可见；记录他们演唱的歌曲和制作的音乐，供他们以后收听和进一步拓展；录制或记录创造性游戏的情节。

戏剧表演游戏

把带标题的游戏图像贴在与儿童的眼睛等高之处或者在过道里展示，以便让他人观看。将图像添加到纸质或电子邮件中，寄送给儿童家人；将其放在儿童成长档案夹或成长簿中。为每幅图像添加标题，解释拍摄时的情境，以便展示儿童参与的重要性和复杂性。

智能手机和平板电脑技术都可以记录儿童心血来潮时进行戏剧表演游戏的特定情节。与儿童一起回看这些记录能够激发对话，激励小组策划，拓展创造性表达。

美术

展示儿童创作的带标题的视觉艺术照片以及他们真正创作的东西。你对待儿童美术作品的方式显示了你对该作品的重视程度。可以将二维作品放在一大张美术纸上;将它们放入文件夹、托盘、鞋盒或礼品盒盖内;或者将它们放入活页夹或装订成小册子。方形的油毡、纤维板或硬纸板为三维作品提供了牢固的底板和边界。在作品的下面或背面放一面镜子,就可以从其他角度观看该作品。务必为作品附上说明,最好附上儿童对自己作品的说明。也可以给每件作品贴张便条,详细地说明该作品是如何见证儿童的成长的。

与其张贴所有的儿童美术作品,不如选择一些儿童充分投入创作的作品或代表他们学习过程的作品。把美术作品镶框后挂在教室的墙上,在教室的架子上或桌子底下展示三维美术作品,这样一来,教室里的这部分区域就变成了美术馆。其他美术作品可以让儿童带回家,或者放到儿童的成长档案袋中。还可以在墙上为每个儿童辟出空间,让他们展示自己选择的作品。

音乐和运动

照片、音频和视频可以捕捉儿童的音乐及运动表达。儿童在听到自己的声音、看到自己的身体随声音运动时会乐不可支。如同其他形式的创造性表达一样,有机会重新审视自己的所作所为能够激发他们的思考和规划技能,促进其进一步参与。

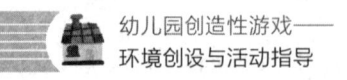

家庭参与

在推动儿童开展创造性游戏的过程中，家庭是你的盟友。儿童的家人可以提供材料，充当班里的客座专家，在家里鼓励儿童开展游戏，或只是阅读学校公告之后更多地了解游戏。家庭的参与能够支持课堂活动，也是一种间接的家长教育形式。家庭可以采取多种方式来积极参与。

（1）**捐赠物品**。家庭是课堂材料的绝佳来源。要求家庭捐献一些可回收的家居用品，或游说当地企业要一些多余的或停产的物品。可以列一张愿望清单，使他们对适合课堂使用的材料种类有所了解。附录 B 是一张愿望清单示例。如果家庭捐献的材料很多，就让儿童参与挑拣，将其分成不同的类别。如果有儿童从家里带来物品，要在集体时间表扬他们做出的贡献。当儿童捐献了具有文化特色的物品（比如筷子）时，要以此为契机培养儿童的文化意识。在时事通讯或公告中，要对家庭的捐献特别致谢。

（2）**制作材料**。可能会有一两位家长有缝纫机或锤子，或者喜欢制作工艺品。有的家长甚至很高兴受邀制作课堂道具和设备，只要给他们原材料和简单的指导即可。那些忙于工作或照料儿童的家长、没有交通工具的家长、不太愿意做课堂志愿者的家长，都特别愿意以这种方式贡献自己的时间和才华。

（3）**参观课堂**。邀请儿童的父母和其他家庭成员谈论他们的工作，与儿童分享他们的特殊才能或爱好。如果家长的工作是儿童容易了解的职业，比如警察、护士、邮递员、公交车司机或厨师，那么这些家长就是特别优秀的资源。他们可以展示工作做什么、用什么设备，这能为儿童提供背景知识，激发儿童的创造性表达。同样，父母可以展示如何制作、使用或收集与他们的爱好相关的物品，也可以助美术区一臂之力、陪儿童阅读或者陪伴全班郊游。此外，开放的政策也是一种邀请，家长和其他人可以来到课堂，亲眼目睹创造性游戏带来的益处。

（4）**推动家庭内的创造性游戏**。通过时事通讯、公告或学校网站传播创造性游戏的益处，其中要包括一些友好的建议，比如对儿童接触屏幕媒体，特别是暴力或色情内容进行限制，强调提供时间、空间、材料和前面所述各种背景经历的重要性，激励儿童在游戏中学习；鼓励家人与儿童一起进行假扮表演、创作艺术作品、唱歌、跳舞、制作音乐；提供建议，比如让儿童穿得像他所喜欢的书中的人物，利用旧的园艺手套或洗碗手套制作道具，或者利用杂志图片创作拼贴画。

儿童把材料带回家会让创造性游戏变得格外吸引人。将一些材料放入儿童背包或自封袋，制成可以带回家的戏剧表演游戏工具包、美术工具包或音乐工具包。你可以把工具包借出一周或更长时间，给予足够的时间让儿童进行深度探索。工具包里的材料应能够鼓励对话，帮助家人培养儿童的概念、技能，提高其智力水平。戏剧表演游戏工具包中可以放入儿童喜欢的故事书、与故事有关的道具、一份简短的邀请信——邀请阅读该书和共同演出该故事。你还可以让儿童把与戏剧表演游戏特定主题有关的辅助道具带回家。与购物相关的主题，如食品杂货店或鞋店，由于儿童能接触里面的不同角色，所以表演效果很好。家庭如能加入一些家居用品，会使游戏更有意义和乐趣。

儿童在家里可能得不到基本的美术材料，比如蜡笔或剪刀，更不用说前文列出的各种美术用品，所以，他们都会急切地想把装有各种有趣的美术材料的工具包带回家。他们能够把这些材料与普通的家居用品结合在一起，进行数小时的创造性学习。而音乐和运动工具包中要包括几种手持乐器、指挥棒、录有强节奏音乐或儿童歌曲的CD。还可以提供一本带有音乐主题或歌词的书，书中也许还有家庭自制乐器的方法。

你可以将参加创造性活动的邀请信放入儿童带回家的每个工具包内。确保同时放入如下所示的简单解释，说明儿童可以利用这些材料来做什么。

＊假装是故事中的一个人物。

＊轮流做销售员和客户。

＊画出你从窗外看到的景象。

＊为某人制作一张卡片或准备一份礼物。

＊在你的房子里重建一个房间。

＊在家中找到能发出不同声音的物品。

＊随着音乐的节拍拍手、踢踏、跳舞。

把具体的创造性游戏材料送给或借给家庭，能够支持儿童进行创造性表达和通过游戏进行学习，这样其家人就可以共享游戏过程，儿童的父母也能够亲眼看到开放性材料的有效性，以及创造性游戏和儿童学习之间的关联。

第4章

戏剧表演游戏活动方案

要倾听儿童的谈话，观察他们的互动，为戏剧表演游戏确定良好的主题。在选择主题时，切记儿童游戏应植根于他们的亲身经历。眼前的事件，如周围的建筑项目、家人的职业或者郊游，都可以构成良好的主题，因为儿童已经在直接体验中具备了一些背景知识。你也可以像其他领域的课程那样，策划一些与季节性事件或喜欢的故事相关的主题。如果儿童对一个主题（比如农场）的理解主要来自书籍和其他二手资料，那他们的游戏就不会太丰富、太有趣，远不如他们参观过农场或居住在农村时做这类游戏。

牢记儿童的发展水平。对于更小的学龄前儿童来说，适合的主题很可能是常见的家庭经历，比如做饭、洗衣、照顾幼儿，因为这些事情与他们的生活体验最为密切。而随着接触的世界越来越广，四五岁的儿童的兴趣和经历也在不断扩展，家庭之外的主题，比如鞋店、邮局、宠物诊所，与他们的关联性就更大了。

为了激发儿童的想象力，要把创造性戏剧融入教师主导的活动中去。比如，给儿童读故事时，要求他们以声音或手势配合。要求他们从篮子里选一个木偶，讲述这个木偶的故事，用这样的开头提示他们："很久很久以前……"在教室的图书区或戏剧表演游戏区放一本最受儿童喜欢的故事书，再摆上几个与该故事有关的道具，启发儿童以自己的方式表演该故事。

尽可能与儿童一起策划，不要只是替他们策划。儿童的参与会带来意想不到的可能性，带来特别丰富的学习机会。下列方法可以帮助你做到这一点：在戏剧表演游戏区放置一个大的器械盒，盒子侧面着地；添加一篮子帽子和一些开放性材料，如毯子、毛绒玩具、电话机、钱包、碗、几把勺子和一套量杯，看看儿童如何使用这些材料；听听他们的谈话，看看他们扮演谁、在做什么；添加适当的设备和道具，培养他们的兴趣；也可以鼓励他们提出一些主题，询问他们是否有兴趣开办自己的餐厅或医院；弄清他们对建立戏剧表演游戏区的看法以及需要什么物品；邀请他们从家中带道具来或者用教师提供的材料自己制作道具。

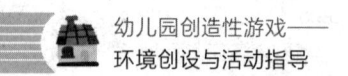

本节提出的这些建议旨在支持你鼓励儿童持续进行表演游戏和创造性表达。你可以从中选择那些最适合你的情形和所教儿童的建议。对一组儿童来说有关联且有吸引力的东西，对另一组儿童可能并不适合或不那么有趣。你最了解儿童和环境，因此你应该是裁判。

随后的戏剧表演游戏主题只是诸多可能主题中的一部分，而区域布置、道具、推动参与以及相关体验，也只是建议的一部分。即便如此，这些建议也许会促进你的创造性。

戏剧表演游戏区的布置依赖于空间、陈设、儿童的特征和兴趣。你可能已经有了家具和设备，比如厨房区域、木偶戏院或者摇摆船，这些都是你设置空间的一部分。如果还没有家具和设备，那么可以利用低成本或者再生材料制作基础的物品。虽然结实和好看很重要，但制作的物品不需要花哨。通常来说，最好让儿童以想象力来添加细节。在游戏区树立标示牌或张贴印刷品时，要考虑儿童的母语以及英语。

根据儿童的经历、理解水平以及你可以利用的资源，确定配备道具的种类和数量。设立戏剧表演游戏区时，"精胜于多"通常是一个好原则。道具太少，则会限制儿童的参与度或扮演的角色；道具太多，儿童则会表现得无所适从，遏制了他们的创造力。记住：你的目标应该是支持他们的创造性表达，而不是你自己的创造性表达！一开始要提供具有开放性、多用途的材料以及与主题相关的材料，让他们启动游戏，激励他们创新。然后根据你对游戏的观察，添加游戏需要的其他物品。

确保提供与主题有关的各种角色的道具，鼓励儿童的社交互动、认知、语言和情感技能的发展。比如，餐馆里的角色包括厨师、服务员和顾客；鞋店里的角色包括销售员和顾客。服装和其他物品可以帮助儿童进入一个特定角色，以便更容易地扮演该角色。

推动参与这一思路将有助于儿童策划游戏、启动游戏、拓展游戏，或在课程之间建立关联、提高技能和理解。以下所列的策略既可以发生在游戏框架之外,也可以是你成为玩伴,在游戏情节中担任一个小角色并做相应的表演。你可能问及的问题类型和所做的评论,本节已给出了示例。

有许多优秀的儿童书籍(虽然本节没有列入)能够支持你所选择的戏剧表演游戏的主题。上网搜索或去当地图书馆,都可以挑选到可与儿童一起阅读的书籍,它们还可用于增强理解和激发创造性思维。

本节还包括对相关体验的建议,以帮助儿童把在戏剧表演游戏中获得的知识与学习技能联系起来——这些技能是在项目中形成的,体现了早期学习标准。比如,鼓励儿童复述他们的假扮故事时,他们需要构建简短的叙事来有效地交流;儿童将游戏过程画出或写出时,展现的是他们的写作技能。

飞 机

区域布置

材料:

- 曲头钉。
- 纸板。
- 纸板箱。
- 椅子。
- 标有目的地和起飞时间的飞行图。
- 地图。
- 遮蔽胶带。
- 机场、飞机、云和目的地的照片。
- 剪刀。
- 桌子。

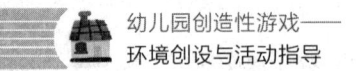

设置:

(1) 在地板上用胶带粘贴一个飞机的轮廓。

(2) 在这个轮廓内排列几把椅子。

(3) 剪一块圆形纸板,用曲头钉将其固定到纸板箱上,制成一个简单的方向盘。

(4) 摆张桌子作为售票台。

(5) 展示一张带有目的地和起飞时间的飞行图、地图或机场、飞机、云和目的地(如城市、海滩、国家公园)的照片,其中要有你了解到的儿童去过或有亲属居住的地方的名称。

道具

- 钟表。
- 利用衬衫改做的空乘制服,绘在冷冻食品托盘和塑料杯上的肩章、领章等。
- 地勤人员信号指挥棒(红鼓槌、手电筒或红色卡纸制成的锥体)。
- 飞行员使用的耳机。
- 绘有机翼的飞行员帽或衬衫。
- 随身小包或手提袋。
- 售票台使用的印章和印台。
- 机票。
- 旅行手册。

促进参与

- 添加仪表盘。画好拨号盘,把旋钮固定到箱子上。指出显示的是什么,如速度、高度、温度等。
- 提供一张纸,分别在纸的两栏记录抵达时间和起飞时间。

- 对旅客座椅进行编号，编号要与儿童在检票台领取的登机牌一致。
- 在圆圈时间，根据地勤人员发出的信号进行游戏。
    * 上下挥动胳膊，示意直线前进。
    * 伸出左臂，右手示意前方右转（从儿童的角度）。
    * 向前伸直双臂，示意停下。
- 提出以下类似问题：
    * 你对飞机了解多少？
    * 你想坐飞机去哪里？
    * 这次旅行你需要带什么？
    * 这是莎拉第一次乘飞机旅行，你能帮助她吗？

玩伴：

- 进行如下的提问和评论：
    * 我想买张去纽约的机票。
    * 我的机票（或登机牌）能显示我应该坐在哪里吗？
    * 我看到窗外还有其他飞机，你认为它们会去哪里呢？
    * 我们要多久才能降落？
    * 谢谢你为我提供饮水。

相关体验

- 与儿童一起列一个清单，看看旅行需要带什么东西。把清单贴在戏剧表演游戏区，并为儿童提供清单上的物品。
- 读完有关飞机的故事后，鼓励儿童画出乘飞机旅行的故事。儿童讲述他们的画作时要记录下来。
- 鼓励他们在玻璃纸上画出想象中从飞机窗口向外看时会看到的景象。可以将这些画作裱在白纸上，在戏剧表演游戏区展示。

- 在操场上画一架符合实际长度和带有机翼的喷气式飞机。它的长和宽各有多少步?
- 要求儿童用符号统计天空中飞过的飞机的数量。与他们谈论看到的不同类型的飞机。
- 在操场上,让儿童模仿飞机的动作:发动、起飞、飞行、着陆。
- 鼓励他们轮流扮演使用信号指挥棒的地勤人员。

面 包 店

区域布置

材料:

- 纸板箱。
- 矮书架。
- 马克笔。
- 面包和其他糕点的照片。
- 剪刀。
- 鞋盒(可选)。
- 标志牌和标签:"面包店""烤箱"等。
- 厨房小搁架。
- 桌子。
- 胶带。

设置:

(1) 提供或制作一个烤箱(制作方法:在结实的纸板箱上切割出一个门并系上门把手,画上控制板),在里面放一个厨房小搁架。

（2）用矮书架当作展架，或者把几个鞋盒摞起来，用胶带粘在一起，制成展架。

（3）添加一个工作台。

（4）展示面包和其他糕点的照片。一定要包括与各种文化相关的面包和糕点的种类以及儿童最熟悉的种类。

（5）提供标志牌和标签——"面包店""烤箱"等。

道具

- 围裙。
- 各种烤模：面包烤模、饼干烤模、松饼盘等。
- 碗。
- 收银机或钱盒。
- 空的调料盒。
- 拆掉电源线的手动搅拌器。
- 量杯和量勺。
- "开""关"的标识。
- 游戏币。
- 锅垫。
- 收据垫。
- 擀面杖。
- 勺子。
- 计时器。
- 玉米粉圆饼机。
- 写价格表用的白板和可擦马克笔。

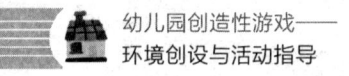
幼儿园创造性游戏——
环境创设与活动指导

促进参与

游戏框架之外：

- 在集体活动时间，引导儿童演示制作面包或蛋糕的步骤。
- 邀请家庭成员分享和展示如何烘烤传统食品，如松饼、玉米饼、馕或者英吉拉*。
- 参观当地一家面包店。首先与儿童谈一下他们想要知道什么，鼓励他们每个人都提出问题或者找出问题的答案。拍摄照片并张贴在区域内，用于提示讨论。
- 提出以下类似问题：
  * 这个星期你要烤什么特别的东西？
  * 嗯，闻起来真香！你怎么烤得这么好？
  * 米格尔有一美元，他能在你的面包店买到什么呢？

玩伴：

- 进行如下的提问和评论：
  * 用擀面杖或玉米粉圆饼机把面团压平。
  * 我压得又薄又好看。
  * 我需要添加适量的面粉和盐，这样就好了。
  * 你能告诉我什么时候把蛋糕从烤箱里拿出来吗？
  * 我想买一块面包做三明治。
  * 这些饼干真好吃！你们也卖生日蛋糕吗？

---

*英吉拉（injera），一种薄饼，是埃塞俄比亚人的传统食物。——译者注

相关体验

- 增加橡皮泥和额外的工具，比如饼干模、捣蒜器、塑料刀、工艺棒或者蜡烛。
- 把塑料薄膜粘贴在工作台上。用真正的面团和面粉来代替橡皮泥。
- 帮助儿童制作标志牌和价目表。
- 为感官实验桌和沙盘游戏设备添加各种各样的量杯和量勺。
- 用事先准备好的面团烤制面包或者按照食谱制作玉米饼。
- 鼓励儿童画出、口述出或写出自己最喜爱的烘烤食物的制作过程。

银　行

区域布置

材料：

- 纸板箱或三折板。
- 卡纸。
- 自粘贴纸或层压机。
- 马克笔。
- 遮蔽胶带或管道胶带。
- 纸。
- 剪刀。
- 鞋盒。
- 小型计算器。
- 桌子和椅子。

设置：

(1) 为银行职员摆一张桌子和几把椅子。

(2) 在纸板箱或三折板上切割出一个出纳员窗口，给它贴上标签，将其固定在桌子上。

(3) 制作一台自动取款机。将小型计算器固定在鞋盒上，再切割出可放入银行卡和现金的槽口，然后添加标志牌。

(4) 标出一条通道或以其他方式指明顾客在哪里排队等候。

(5) 展示标志牌，其上有银行名称、营业时间和货币的图片。

(6) 制作一张示意图，表明硬币、纸币的换算，供儿童参考。

(7) 用卡纸制作信用卡和银行卡，用层压机将其压紧，使之更结实。

道具

- 日历。
- 银行职员服装（夹克、衬衫、连衣裙、夹式领带）。
- 电脑键盘。
- 日期戳和印台。
- 存款单和取款单。
- "营业""歇业"的标志或制作这些标志的材料。
- 纸和铅笔。
- 游戏币（与传统的游戏币相比，层压过的复印纸币更坚固和逼真）。
- 小容器或托盘。
- 电话。
- 银行客户的钱包。

第4章 戏剧表演游戏活动方案

促进参与

游戏框架之外：

- 访问、参观附近一家银行，提供具体的背景体验。
- 与儿童交谈，并针对银行的不同工作进行角色扮演。
- 根据儿童的理解力水平，帮助儿童换零钱。
- 制作一张上面写有儿童名字的柱形图，向他们展示如何列出存款金额、取款金额。
- 提出以下类似问题：

  * 今天你打算当出纳还是当客户呢？

  * 艾莉娜帮人照看小孩赚了一些钱，她如何把钱存到自己的账户呢？

玩伴：

- 扮作银行出纳员，演示如何分拣硬币和换零钱。
- 扮作银行客户，演示如何排队等候或使用自动取款机。
- 提出以下类似问题：

  * 贾马尔给我开了一张2美元的支票，你能帮我兑现吗？

  * 我需要一些硬币投入停车计费器，你可以帮我将这张美元纸币换成硬币吗？

相关体验

- 为儿童提供一个盛牛奶的小纸箱，用来制作和装饰存钱罐。
- 要求儿童估算一个罐里的硬币数量，记录他们的估算数，然后清点硬币数量进行核对。
- 提供与美元纸币大小一样的纸张和马克笔。鼓励儿童制作自己的货币。

- 给每个儿童一份工作去挣得游戏币，然后将游戏币存在银行的一个单独容器（账户）里。儿童可以用自己的钱购买"商店"里提供的小件物品。他们存在银行的钱，每天会长一分钱利息。定期帮助他们计算余额。
- 把元、角、分等不同的硬币各放在一个碗中。给儿童一碗硬币，让他们分拣、计数。
- 让儿童用轻涂纸或铝箔拓印真实硬币并将之粘贴到卡纸上。

洗澡时间

区域布置

材料：

- 铝箔。
- 防滑垫。
- 黄铜紧固件。
- 纸板。
- 餐盘。
- 儿童身体的标记图。
- 大纸板箱。
- 遮蔽胶带。
- 泡沫颗粒。
- 多孔板、衣帽架或晾衣架。
- 成人给婴儿洗澡的照片。
- 塑料杯。
- 剪刀。

- 桌子。
- 卷尺。

设置：

（1）用结实的箱子制作一个浴盆，其大小应能容纳两个儿童坐在里面。如需要，可将其截为60厘米高。

（2）用纸板剪出两个旋钮，分别贴上"冷""热"的标签，然后用黄铜紧固件固定好。用铝箔盖住塑料杯做成水龙头，把水龙头用胶带粘贴到浴盆上。

（3）把泡沫颗粒加入浴盆，制造泡泡。

（4）在浴盆前放一块防滑垫。

（5）使用自立式多孔板、衣帽架或晾衣架来挂毛巾和浴帽。

（6）在桌上放一个餐盘，里面备有给玩具娃娃洗澡用的洗浴用品。

（7）摆放一张标有儿童身体部位的图以及成人给婴儿洗澡的照片。

道具

- 围裙。
- 洗澡玩具。
- 玩具娃娃和毛绒动物玩具。
- 空的洗发水瓶、泡泡沐浴液和婴儿爽身粉瓶。
- 粉扑。
- 擦洗刷。
- 浴帽。
- 海绵。
- 毛巾和浴巾。

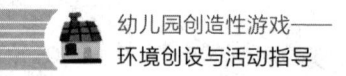

促进参与

游戏框架之外：

- 邀请一位家长抱着小宝宝演示如何给婴儿洗澡，或者使用玩具娃娃演示洗澡过程。
- 与儿童谈论洗澡需要准备什么东西。
- 提出以下类似问题：
    * 能在浴盆里给弗兰兹腾个地方吗？她刚才一直在花园里工作。
    * 这个婴儿需要洗澡，请保证他在浴盆里的安全。

玩伴：

- 提出以下类似问题：
    * 哇！水这么凉！我打开热水龙头，掺点热水。
    * 我需要浴巾包一下宝宝，这样他就不会着凉了，你能帮我一下吗？

相关体验

- 在戏水桌里洗刷玩具娃娃。往水中加少许沐浴露（无泪配方）或泡泡沐浴液。
- 制作泡泡图案。在蛋彩画颜料中掺入少许水，倒入一些洗洁精进行搅拌，用吸管吹出大量泡泡。轻轻地把纸放到泡泡上，制作泡泡图案。
- 制作玩具船。提供各种能漂浮的小件物品，如小木块、海绵、胡桃壳、泡沫托盘或用皮筋绑好的三个软木塞；还要提供造船材料，如牙签、工艺棒、吸管、纸等。

 就寝时间

区域布置

材料：

- 窗帘。
- 深色布。
- 深色纸。
- 打孔机。
- 午睡垫、靠垫、野营垫或充气床垫。
- 纸或颜料。
- 剪刀。
- 胶带。

设置：

（1）提供几张"床"，如午睡垫、靠垫、野营垫或充气床垫等。

（2）挂好窗帘，布置家具用来充当卧室墙。

（3）在一大块深色布上用颜料涂上或用胶带粘贴上星星和月亮。将布的四角挂到天花板上，营造出夜空。

（4）用深色纸遮住窗户，然后在纸上用打孔机打出小孔，当作星光。

道具

- 毯子。
- 钟表。
- 玩具娃娃和毛绒动物。

- 手电筒。
- 睡衣、睡袍和拖鞋。
- 枕头。
- 摇篮曲录音。
- 故事书。
- 浴巾、毛巾和塑料杯。

促进参与

游戏框架之外：

- 与儿童谈论他们的睡前例程。
- 在圆圈时间给儿童读或讲一个睡前故事。可考虑添加一两件与故事有关的道具。
- 提出以下类似问题：
  * 睡觉前要做什么准备？
  * 瓦妮莎还没有睡意，你可以给她读一个睡前故事或唱一首摇篮曲吗？

玩伴：

- 提出以下类似问题：
  * 马特奥，要我把你抱进被子里吗？
  * 哦！我忘记洗脸了。你能帮我拿块毛巾吗？
  * 8点了，我们该睡觉了吧？

相关体验

- 发给家长一份表格，请他们帮助儿童记录一周的就寝时间。制作一个条形图，展示他们各自的就寝时间。

- 策划一个睡衣日，每个儿童在这一天都穿睡衣上学。
- 把房间变暗，利用手电筒的光读一个睡前故事。
- 在手电筒光或投影仪光的前面做手影。
- 提供深色纸、荧光笔或彩色粉笔，供儿童打造夜景。可以添加星星贴画。
- 录制儿童唱的摇篮曲或者柔和、舒缓的音乐声。

露 营

区域布置

材料：

- 积木。
- 野营凳或沙滩椅。
- 冷藏箱。
- 高山、森林、沙漠和海滩的照片。
- 红色和黄色玻璃纸。
- 小木棍、卫生纸筒或成卷的报纸。
- 帐篷、床单和绳子。
- 钢丝格栅。

设置：

（1）搭建一顶真正的帐篷，或者把床单挂在一根绳子上，将绳子两头拉直钉到两面墙上。也可以在床单上剪出一扇门，然后把床单盖在桌子上。

（2）用光滑的小木棍、卫生纸筒或成卷的报纸生起营火。用红色和黄色玻璃纸作为火焰。

(3）在营火周围的几块积木上放置冷却架或钢丝小格栅，制成烤架。

(4）展示高山、森林、沙漠和海滩的照片。

(5）提供一个冷藏箱、野营凳或沙滩椅。

道具

- 背包。
- 双筒望远镜（把卫生纸筒切成两半，用胶带将其粘到一起）。
- 水罐或可重复使用的矿泉水瓶。
- 服装，如帽子、头巾、夹克等。
- 指南针。
- 空的食品包装盒和罐头盒。
- 急救箱。
- 手电筒。
- 塑料盘、杯子和餐具。
- 壶或锅。
- 睡袋或毯子。
- 太阳镜。
- 路线图。

促进参与

游戏框架之外：

- 邀请一位家庭成员或公园巡查员来讲述露营和爱护环境的事情。
- 把房间的光线变暗，坐在营火旁唱歌。
- 在集体活动时间，带儿童来一场假想的露营旅行。鼓励他们提出要做什么和需要什么装备。

- 提出以下类似问题：
  - *你要徒步到一个合适的地方去露营吗？你是怎么知道的？
  - *你能帮泰隆调整下背包上的背带吗？
  - *你在营火上烤什么呢？

玩伴：

- 演示阅读路线图或使用指南针。
- 提出以下类似问题：
  - *我从望远镜里看到了一只鹿，你看到了吗？
  - *我们必须保证离开时不留下一点儿垃圾。你看我们还有什么需要清理的吗？
  - *我们应该做些什么，才能保证天黑后依然看得见？

相关体验

- 在操场上画一幅路线图，鼓励儿童在图上的每个目的地都收集树叶、树枝和小石子，用来创作自然拼贴画。
- 添加钓鱼道具。（参见第93页的钓鱼主题）
- 展示完简易路线图的特点后，在美术区提供材料，让儿童创建他们自己的地图。
- 在音乐区提供营地歌曲的磁带或CD。

庆祝活动

区域布置

材料：

- 大幅日历。
- 各种各样的个人和文化庆祝活动的照片。
- 彩带和其他装饰品。
- 桌子和椅子。
- 工作台。

设置：

（1）摆一张桌子和几把椅子。

（2）添加一个独立的工作台。

（3）在天花板上悬挂彩带和（或）其他与文化相关的装饰品。

（4）展示大幅日历以及各种各样的个人和文化庆祝活动的照片。

道具

- 一篮子彩带。
- 照相机。
- 蜡笔或马克笔。
- 戏服。
- 空箱子。
- 礼品袋。
- 纸。

第4章 戏剧表演游戏活动方案

- 大水罐。
- 塑料盘、杯子和餐具。
- 桌布和餐巾。

促进参与

游戏框架之外：

- 阅读关于生日、婚礼、狂欢节、新年等庆祝活动的书籍。
- 与儿童谈论他们的生日庆祝活动，以及他们的家人庆祝的其他特殊场合。在区域添加相关的道具。
- 邀请家庭成员与儿童谈论他们的庆祝活动，分享照片、歌曲、舞蹈或其他活动。
- 添加制作聚会食品用的道具。
- 提出以下类似问题：
  * 你今天庆祝的是什么特别的日子呢？
  * 你能帮迪米特里扣上马甲的扣子吗？

玩伴：

- 一个或多个儿童在参加庆祝活动，你假装制作与该场合相关的食物并把你做的事情说出来。
- 提出以下类似问题：
  * 我妹妹的毕业派对需要杯形蛋糕，我打算给她做一些。你能帮下忙吗？
  * 请再给我倒杯茶好吗？
  * 艾莉雅，请帮我吹灭这些蜡烛。

相关体验

- 为儿童提供对折的纸和美术用品,用于制作请柬和贺卡。
- 制作并装饰派对上戴的帽子。
- 用少许水将肥皂片打出泡沫,直到这种混合物变成糊状,用食用色素给其上色。将此"糖霜"装入几个小拉链袋,把每个袋子剪去一个小角,制成蛋糕装饰管。把"糖霜"挤压到倒置的回收食品用的容器和托盘上。
- 在音乐区,添加与儿童家庭庆祝活动有关的磁带、CD 和乐器。几件衣服也可以鼓励儿童随着音乐跳舞。

建筑场地

区域布置

材料:

- 衣帽架或自立式多孔板。
- 带标签的常用工具的照片或示意图。
- 建筑工人、建造项目和建筑工地的照片。
- 塑料箱或旅行包。
- 安全锥或黄色胶带。
- 搁架。
- 桌子。

设置:

(1) 摆设安全锥或粘贴黄色胶带,标记建筑区的界限。

（2）添加盛放工具的塑料箱或旅行包。

（3）提供一张桌子作为工作台，提供搁架用于放置安全帽和其他材料，也可以提供一个用于悬挂工作服的衣帽架或自立式多孔板。

（4）展示建筑工人、建造项目和建筑工地的照片，其中包括男、女建筑工人的照片。

（5）张贴带标签的常用工具的照片或示意图。

道具

- 各种箱子。
- 建筑结构的蓝图或规划图（这些可以从网上下载）。
- 水桶。
- 卡纸或纸板。
- 笔记板。
- 蜡笔。
- 安全帽。
- 油漆刷和油漆滚筒。
- 纸。
- 铅笔。
- 尺子。
- 安全的建筑废料和光滑的木片。
- 防护眼镜。
- PVC 短管和弯头接头。
- 卷尺。
- 工具，如锤子、螺丝起子、钳子。
- 工作手套。
- 工作衫或马甲。

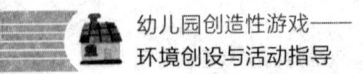

- 码尺。

促进参与

游戏框架之外：

- 参观附近的建筑场地，拍摄照片。
- 讨论和张贴建筑场地的照片。
- 在参观时鼓励儿童把观察到的东西画在笔记板上，或者回去之后在美术区画出来。
- 把儿童的建筑绘画张贴在戏剧表演游戏区。
- 邀请一位从事建筑业的家庭成员来讲述自己的工作，并演示如何使用该行业的简单工具。或者，请学校的维修人员在维修时顺便让儿童观察维修过程。
- 提出以下类似问题：
  * 我想知道你用这些东西能建造什么呢？
  * 这看起来像个大项目，可能需要更多的工人。
  * 苏菲亚，你能帮助杰克逊使用这些钳子吗？

玩伴：

- 演示根据规划图（蓝图）进行建造。
- 提出以下类似问题：
  * 这个很重，你能帮我搬一下吗？
  * 等一下，使用这些工具之前，我得先戴上防护眼镜。你能把眼镜递给我吗？

相关体验

- 在美术区提供小块木材边角料、空的卫生纸筒和拼贴材料,儿童可以一起搭造一座建筑。完成后请每个儿童口述该建筑物的特征并做记录。展示该建筑物时,要附上所有的描述说明。
- 在操场上放一个树桩。提供防护眼镜、真实的锤子和真实的钉子。儿童在树桩上钉钉子时,要密切监督。
- 在美术区张贴从网上下载的建筑结构的蓝图或规划图。在美术用品中添加方格纸和直尺。
- 在美术区添加旧钥匙和一盒备用螺母、螺栓、垫圈以及其他五金紧固件,供组装使用。
- 音乐区要配备录有传统工作号子的磁带或CD。
- 将直径和长度不同的管段和销钉排列布置在泡沫塑料箱、泡沫橡胶条或倒置的鸡蛋箱上。提供韵律棒、勺子、铅笔或木槌,让儿童体验不同的音调和音高。

钓 鱼

区域布置

材料:

- 蓝色篷布、塑料桌布或布单。
- 小船、纸板箱或塑料收纳箱。
- "钓鱼"的标志牌。
- 湖泊、河流、海洋和鱼的照片。
- 钓鱼凳或地毯块。

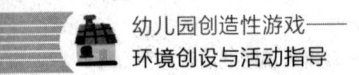

- 胶带。

设置：
(1) 在地板上粘贴蓝色篷布、塑料桌布或布单。
(2) 添加一只摇摆船，或用结实的箱子或 60 厘米高的塑料收纳箱制作一只船，至少要能容纳两名儿童坐在里面。或者在地板上用胶带粘贴出船的轮廓，里面放入钓鱼凳或地毯块。
(3) 展示湖泊、河流、海洋和鱼的照片。
(4) 添加一个"钓鱼"的标志牌。

道具

- 空的钓具箱。
- 把卡纸或工艺泡沫剪成不同尺寸的鱼形，鱼嘴夹上回纹针。
- 钓鱼竿（棍、销钉或尺子，上面系有鱼线和磁铁）。
- 救生工具。
- 渔网。
- 雨靴。
- 直尺。
- 小桶。
- 小冷藏箱。
- 太阳帽、太阳镜和夹克。

促进参与

游戏框架之外：
- 询问儿童对于钓鱼了解多少。

- 邀请一位爱钓鱼的家庭成员跟儿童谈谈钓鱼和所需的设备。
- 提出以下类似问题：
  - *去钓鱼时需要带上什么？
  - *如果遇到暴风雨该怎么办？

玩伴：

- 提出以下类似问题：
  - *你是怎么钓到那条鱼的，能告诉我和瓦妮莎吗？
  - *如果我保持不动就不会吓到鱼，船也不会翻！
  - *哇！我钓到一条大鱼！我们量一下它有多长。
  - *我钓到的鱼太小了，没法吃。我要把它扔回水里去。

相关体验

- 参观附近的湖泊、池塘或者宠物店、水族店。
- 添加钓鱼竿，竿上带有用回纹针做成的鱼钩，而不是磁性鱼钩。把纸筒切成两半当作鱼。在每个纸筒的一端割两个相对立的槽口，在槽口中塞入一条三角形的"尾巴"。给纸筒打上约10个孔。在纸筒上画上眼睛和鱼的其他标记。用钓钩钩住"鱼"身上的孔并不是一件易事。
- 向儿童戏水池注入几厘米深的水。在泡沫包装上画上鱼，或把工艺泡沫切割成鱼的形状。在每条鱼的嘴上夹一枚回纹针。把鱼放入水中，使用渔网和一端带有磁铁的钓鱼竿去捕鱼。
- 从市场购买几条鱼。把蛋彩画颜料涂到鱼身上，在上面压上纸，制作鱼的图案。
- 把蓝色颜料和剃须膏混合在一起，涂在一大张包肉纸上（厚而不透水的纸），制成一群鱼的壁画。壁画干了后，儿童可以把自己画的鱼剪切下来粘到上面。

- 在音乐区添加鱼杖（颜料搅拌器，顶端粘有鱼形物）和彩带，以及录有合适器乐的磁带或CD（比如亨德尔的《水上音乐》）。
- 在操场的玩沙区放一艘捐赠的划艇（确保所有的危险物品都已被拆除）。

杂 货 店

区域布置

材料：

- 马克笔。
- 遮蔽胶带。
- 报纸上的杂货店广告。
- 纸。
- 食品的照片。
- 当地杂货店的照片。
- 货架。
- 桌子。

设置：

（1）用一张桌子作为结账台。

（2）摆设盛放食品、杂货的架子或桌子。

（3）给杂货店贴分区标签：奶制品、熟食、冷冻食品、肉类、农产品、罐装食品、清洁用品。

（4）用胶带在地板上标出结账通道。

（5）展示杂货店广告和食品的照片。

（6）张贴你所在区域的杂货店的照片，包括店名。

道具

- 围裙。
- 盛放杂货店物品的各种瓶子、罐子和箱子（提示：把空箱子用报纸塞满，再用胶带封口，使之更加坚固）。
- 带提手的篮子。
- 收银机和（或）钱盒。
- 优惠券。
- 放有塑料蛋的蛋箱。
- 马克笔，用于制作标记——"营业""歇业""在售"。
- 铭牌：收银员、装袋工、装料工。
- 笔记本和铅笔，用于记录物品清单和开立收据。
- 纸或纸盘。
- 塑料水果和蔬菜。
- 游戏币。
- 收据垫板。
- 环保购物布袋。
- 农产品称重用的秤。
- 标注价格的贴纸。
- 顾客使用的钱包。

促进参与

游戏框架之外：

- 跟儿童介绍一下杂货店的各个区域：农产品、奶制品、肉类、冷冻食

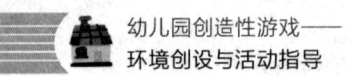

品。
- 跟儿童谈谈装料工、卖肉工、收银员和装袋工等不同员工的工作。
- 参观一家当地的杂货店。指出不同的区域和标识。帮助儿童采访店员，了解店员的工作。购买一些可制作简单菜的原料，或者购买一些便餐，比如蔬菜和蘸料。给杂货店的不同区域拍照，将照片张贴在戏剧表演游戏区。
- 集体讨论并决定本班杂货店的名称。
- 提出以下类似问题：

　　* 红，商店需要人将商品装袋。你能帮下忙吗？

　　* 我想莎曼珊正在等你告诉她，她买的东西要多少钱。

　　* 我看到你篮子里有做蛋糕用的现成材料。你还要买些什么晚上吃呢？

玩伴：

- 演示为购物篮里的物品付款，提出以下类似问题。

　　* 哪种汤更便宜？

　　* 我正在称土豆。我需要一公斤土豆做晚餐用。

　　* 你在排队结账吗？那我站到你后面。

相关体验

- 给每个儿童相同数目的游戏币，用于在杂货店里消费。帮助他们比较可以买的东西。他们能用这些钱买一顿营养均衡的膳食吗？
- 收集以字母表上的每个字母开头的食品。在圆圈时间或小组活动时间，让儿童选择以每个字母开头的食品。
- 为真实的水果和蔬菜称重，把重量记录在事先准备好的表格里。
- 向儿童展示不同尺寸的食品容器，如牛奶箱、蔬菜罐、酸奶桶、谷物箱，让儿童按照尺寸大小排序。跟他们谈谈重量换算。

- 在托盘上放置五六个相同种类的食品,如奶制品;添加一个不同种类的食品,如罐装食品。要求儿童找出不同种类的食品。
- 给儿童提供超市的海报,让他们剪下优惠券或者找到食品的照片,将其粘到纸盘上,制作一份营养餐图片。谈论有营养的食物。
- 在美术区组装空的食品容器,或者为音乐区制作发音物体。添加适当的美术用品,用于装饰和个性化创作作品。

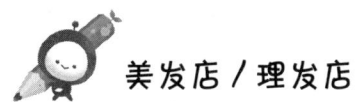

美发店 / 理发店

区域布置

材料:

- 板凳。
- 椅子。
- 可擦马克笔。
- 空的卫生纸筒。
- 不同种族的男、女、老、少的照片,且他们的发型均不同。
- 红色、白色和蓝色颜料。
- 小白板。
- 桌子。
- 胶带或立式卫生纸搁架。
- 不易破碎的落地镜。

设置:

(1)在发型师或理发师的桌子前摆几张椅子,供顾客使用。

(2)在等候区摆张长凳或一两把椅子。

（3）添加一面不易破碎的落地镜。

（4）在桌子上立一块白板，用可擦马克笔写好价格。

（5）把卫生纸筒涂上白色、红色和蓝色条纹，制作成理发店的标记。用胶带把它粘贴到墙上或放在立式卫生纸搁架上。

（6）展示不同种族的男、女、老、少的照片，且他们的发型均不同。

道具

- 预约簿。
- 收银机或钱盒。
- 有纸夹的笔记板或纸垫，以及一支写预约单用的铅笔。
- 钟表。
- 梳子、发刷、发针（使用后记得要消毒）。
- 装有发圈、束发带和发夹等头饰的盒子。
- 洗头发用的盆。
- 有发型的玩具娃娃。
- 空的装护发品（如洗发水、护发素和定型胶）用的容器。
- 拆除了电源线或电池的电动剃须刀。
- 泡沫卷发器。
- 拆除了电源线的吹风机。
- 放在等候区的报纸。
- 旧的淋浴喷头。
- 游戏币。
- 钝的剪刀。
- 罩衣或披肩。
- 电话。
- 毛巾。

第4章
戏剧表演游戏活动方案

- 不易破碎的手镜。
- 钱包。

促进参与

游戏框架之外：

- 与儿童谈谈理发或去理发店，让他们演示理发师怎么理发。
- 问他们在教室里布置理发店需要什么。展示和描述戏剧表演游戏区要有什么道具。
- 让他们集体讨论，然后投票决定教室理发店的名称。帮助他们做一个标志牌。
- 邀请一位家庭成员或当地的美发师与儿童谈谈理发，并演示如何使用理发工具。
- 提出以下类似问题：
    * 你预约的时间是什么时候？
    * 你给马特奥理发前，要先给他洗一下头发吗？

玩伴：

- 扮作志愿顾客，允许儿童给你的头发做造型。
- 提出以下类似问题：
    * 我的头发太长了，该理发了。你能给我理吗？
    * 你能给我烫发吗？
    * 价格牌上写着连剪带洗是35元，只剪发是20元。我头发很干净，就花20元剪一下吧。

相关体验

- 添加一个有发型的人体模特头。
- 添加化妆工具,尤其是男孩用的,比如剃须杯、剃须刷、无刀片的剃须刀、空的剃须泡沫瓶、夹式领结等。
- 在征得家长的同意后,使用定型胶给每个儿童的头发造型。提供手镜,鼓励儿童在美术区给自己画像。
- 在美术区的桌子上用剃须膏创作手指画。添加工艺棒。
- 提供与各种肤色相同的圆形或椭圆形纸。添加马克笔,让儿童用笔在纸上画出脸的轮廓。提供不同颜色的纱线、绒球和砂纸边角料,供他们制作头发。

医 院

区域布置

材料:

- 两个约 1 厘米长的销钉。
- 婴儿毯。
- 浴巾。
- 毯子。
- 劲力型订书机或针线(只针对成人)。
- 人体部位图。
- 马克笔。
- 午睡垫、小床或草坪躺椅垫。
- 旧的 X 光片(或在透明胶片上绘制图案)。

- 医务人员的照片。
- 枕头。
- 海报贴板。
- 标有红十字或"医院"字样的床单或标志牌。
- 架子或摞起的箱子。
- 小桌。
- 立式多孔板或衣帽架。
- 四轮推车。

设置：

（1）用午睡垫、小床或草坪躺椅垫设一两张病床。

（2）在小桌上铺张婴儿毯，当作玩具娃娃的病床。

（3）添加架子或摞起的箱子用于放置道具，以及一个立式多孔板或衣帽架用于挂衣服。

（4）在四轮推车里面放一条毯子和一个枕头，当作救护车。

（5）把浴巾边叠起，铺在1厘米厚的销钉上，然后缝好或钉好，制作成担架。

（6）将一条标有红十字的床单挂到墙上或分割空间。还可以在戏剧表演游戏区的入口张贴"医院"的标志。

（7）添加"急诊室""医生值班室""候诊室"的标识。

（8）张贴旧的X光片或透明纸制成的假X光片、人体生长图、医务人员照片。确保要包括女医生和男护士。

道具

- 毯子。
- 救护车驾驶员或护理人员穿的蓝衬衫。
- 将白色运动袜剪去袜脚制成绷带。

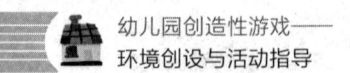

- 从事医疗保健行业的家长捐赠的对儿童安全的物品。
- 儿童用拐杖。
- 带铅笔的笔记板和病历纸。
- 电脑键盘。
- 玩具娃娃。
- 弹性绷带。
- 空药瓶。
- 乳胶手套。
- 医用口罩。
- 浴帽或一次性发帽。
- 听诊器(实物或玩具),也可以在半个卫生纸筒中插入一个漏斗后粘贴结实,制成一个听诊器。
- 注射器(玩具或拆除了针头的真的注射器)。
- 电话。
- 温度计(工艺棒,每个只用一次)。
- 医务人员的白大褂。
- 备选:棉球、黏性绷带、其他消耗品和一次性用品。

促进参与

游戏框架之外:

- 让儿童分享他们所了解的医院。根据讨论内容添加或介绍道具。
- 邀请一位卫生保健专业人士跟儿童谈谈如何照顾病人。
- 对去医院后会发生的事,与儿童一起进行角色扮演。
- 进行如下的提问和评论:

  *伊莎贝拉出了意外,伤到了胳膊。你能带她去医院吗?

*拨打120急救电话叫救护车!

玩伴:

- 与儿童轮流使用听诊器,听听彼此的心跳。
- 进行如下的提问和评论:
    *我的宝宝生病了,需要去医院。
    *我胳膊伤得很严重,你能帮我一下吗?
    *你能听到我的心跳吗?

相关体验

- 告诉儿童叫救护车时要拨打120急救电话。帮助他们练习拨打这个号码。
- 添加体重秤(成人的和婴儿的),在墙上粘贴身高测量条。测量和记录每个儿童的体重和身高。
- 探讨儿童为什么应该在成人的监督下吃药。
- 下载一幅人体部位图,开展搭配游戏。把图剪成若干部分(躯干、腿、手臂、脖子、耳朵、脚、手和手指)。制作带相应标记的卡片,帮助儿童把词语与相应的人休部分匹配。或者下载身体各部位的X光图像,帮助儿童把词语与图像匹配。
- 把一个纸板做成的骨架分成块,让儿童拼在一起。每块都做上标签。

图 书 馆

区域布置

材料:

- 阅览架。

- 书架。
- 板条箱。
- 地板枕或豆袋椅。
- 索引卡。
- 马克笔。
- 纸。
- 卡袋图。
- 带有书籍插图的海报或者国家图书馆读书周的海报。
- 桌子和椅子。

设置：

（1）为图书管理员摆一张桌子，桌子一边再摆几把椅子。

（2）为不同区域的书架贴上表示不同题材的标签：小说、非小说、诗歌等。

（3）添加图书展架，放置一些有特色的图书。

（4）用一个板条箱做书箱，贴上"请把书还至此处"的标签。

（5）要有地板枕或豆袋椅，供讲故事时使用。

（6）张贴一张写有儿童名字的卡袋图。他们借阅书籍的索引卡可以放在卡袋里。

（7）展示标志牌，如"静心读书"、"嘘，我在读书"以及带有书籍插图的海报或者国家图书馆读书周的海报。

道具

- 各种图书（用索引卡制成的借阅卡可以夹在书页中，或者插入粘贴在书皮内页的由信封改成的小袋中）。
- 日历。
- 卡纸和马克笔，用于制作标志牌（比如"请保持安静""借阅处"）。

第4章
戏剧表演游戏活动方案

- 日期戳和印台。
- 每个儿童的图书借阅卡。
- 杂志。
- 便条簿和铅笔,用于书写过期通知。
- 倾听阅读的毛绒动物。

促进参与

游戏框架之外:

- 参观学校图书馆。重点关注图书借阅和归还的程序。
- 邀请学校图书馆的管理员或家庭成员为不同小组的儿童读故事。
- 在讲故事时间参观附近的图书馆。收集图书借阅卡申请表。
- 与儿童讨论如何查找、借阅图书以及如何还书。
- 进行如下的提问和评论:
    * 贾迈勒想听你读这个故事。
    * 你能帮卡洛斯借出这本书吗?

玩伴:

- 进行如下的提问和评论:
    * 我在哪里可以找到关于动物的书呢?
    * 我想借这本书,我需要在哪一天还回来?

相关体验

- 让儿童提名并投票表决他们最喜欢的不同题材的书。
- 在美术区为喜欢的书制作书套。
- 利用回收材料(如旧文件夹、粘到纸板上的碎布、彩色芯片卡、彩色工艺棒等）制作书签。或者，在每个儿童的手腕上缠一圈透明的包装胶带（粘面朝外），再到大自然中走走，让他们收集不同种类的树叶粘在胶带上。然后，把胶带粘贴到尺寸合适的剪好的纸板上。在每个书签上打孔，系上彩带或线。

- 在音乐区展示与音乐有关的书籍。

 电 影 院

区域布置

材料：

- 椅子或地毯块。
- 衣帽架或带挂钩的立式多孔板。
- 电影海报。
- 小桌子。
- 胶带或大块防滑地毯。
- 白色床单或窗帘。

设置：

（1）将胶带粘贴在地板上或用大块防滑地毯标记出舞台区域。或者，利用家具把这个空间与区域的其他部分隔开。

（2）在舞台正面放几把椅子或排列一行地毯块作为观众席。

（3）摆一张小桌子作为售票台。

（4）添加一个衣帽架或带挂钩的立式多孔板，用来挂衣服。

（5）在舞台后面挂一条白色床单或窗帘，作为银幕。

（6）张贴电影海报。

道具

- 不同演员的服装。
- 收银机或钱盒。
- 零食罐。
- 空的糖果盒，里面塞满报纸并用胶带封口。
- 售票员和引座员穿的马甲。
- 由切成两半的卫生纸筒顶部配上高尔夫球或乒乓球（用报纸填充卫生纸筒，再用黑色胶带把纸筒和球缠起来）制成的麦克风。
- 塑料杯或纸杯。
- 游戏币。
- 爆米花桶，可在里面装上棉球或泡沫糖果。
- 鞋盒制成的投影仪，上面有铰链盖，用半截卫生纸筒作为镜头，用塑料盘作为胶片。
- 标志牌（"营业""歇业""即将上映""票价"），或者一块白板和可擦马克笔，让儿童自己制作标志牌。
- 电影票。

促进参与

游戏框架之外：

- 儿童重读或复述一个他们喜欢的故事，然后问问他们用什么道具能把故事制作成电影。根据他们的意见，将所需物品添加到戏剧表演游戏区。
- 或者，跟儿童谈谈他们最喜欢的电影或电视节目。重点关注他们对情节和人物的喜欢情况。讨论每一部电影是如何开头、展开情节和结尾的。
- 进行如下的提问和评论：

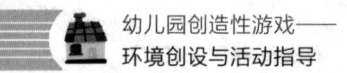

* 看起来他们需要一位检票员。你可以把票放在这个篮子里。

* 我想知道这个电影院卖什么零食。

玩伴：

- 进行如下的提问和评论：

    * 票价是多少？

    * 谢谢你带我到座位上。

相关体验

- 让儿童口述他们的电影脚本并记录下来。
- 把灯光调暗。让手电筒或头顶投影仪的光照射到舞台上。
- 把儿童的电影录制下来。回放录像，鼓励他们进行评论，拓展游戏。
- 在美术区提供海报大小的纸张，让儿童制作电影海报和（或）广告并在戏剧表演游戏区展示。
- 与儿童一起做爆米花，一起称量配料。比较膨化的和未膨化的玉米粒的大小。
- 把光照射在从天花板悬挂下来的床单或窗帘上。几个儿童站在床单或窗帘后面，他们的动作将被投射到"银幕"上，观众可以看到他们的影子。
- 在音乐区放置一盘供儿童跟唱的磁带或CD，还要放置一个或多个麦克风。

区域布置

材料：

- 椅子。

- 视力表：一张是字母的，另一张是图片的。
- 戴眼镜的人的照片。
- 货架或展示支架。
- 桌子。

设置：

（1）为眼科医生摆设桌子和椅子。

（2）在货架或展示支架上放置道具和眼镜。

（3）添加一两把椅子，供病人检查视力时坐。

（4）张贴视力表：一张是字母的，另一张是图片的。

（5）展示各种戴眼镜的人的照片。

道具

- 预约簿。
- 收银机或钱盒。
- 儿童太阳镜。
- 空的隐形眼镜盒。
- 眼罩，用黑色的圆形纸板粘贴到压舌板或工艺棒上制成。
- 眼药水滴管。
- 检查视力的设备，比如双筒镜。
- 眼镜盒。
- 眼镜框或者拆除了镜片的一元店太阳镜。
- 放大镜。
- 便笺簿和铅笔，用于写处方和收据。
- 游戏币和信用卡。
- 不易破碎的镜子。

- 眼科医生和助理穿的白大褂或罩衫。

促进参与

游戏框架之外：

- 与儿童讨论人们为什么佩戴近视眼镜（包括隐形眼镜）。
- 询问儿童对眼镜（隐形眼镜）的了解有多少。你班里可能会有戴眼镜的"专家"。
- 邀请一位从事验光的家长到课堂，与儿童谈谈她的工作。或者，去参观一位验光师的办公室，采访验光师和其助理，并参观验光设备和展示的眼镜。
- 进行如下的提问和评论：
  * 你试戴眼镜时就坐这把椅子吧。
  * 你最喜欢哪种镜架？哪一个更贵？

玩伴：

- 进行如下的提问和评论：
  * 我该检查视力了。下一次视力筛查预约在什么时间？
  * 我读这本书需要戴眼镜。这样字看上去更大了，也更容易看清了。

相关体验

- 与儿童谈论保护眼睛的重要性，比如戴安全镜、定期进行视力检查。
- 让儿童记录他们在一天中看到的戴普通眼镜和太阳镜的人数。
- 用绒条为每个儿童制作眼镜，或者把分成两段的卫生纸筒粘在一起制成双筒镜。
- 让儿童画自己戴着眼镜的肖像。

- 在音乐区添加眼罩,鼓励儿童去关注声音。

 邮 局

区域布置

材料:

- 空的谷物盒、鞋盒或带有分隔的装瓶箱。
- 大纸板箱。
- 马克笔。
- 纸。
- 邮费表。
- 真实的邮票图。
- 剪刀。
- 桌子。
- 胶带。
- 托盘或扁平盒子。
- 备选:从邮局得到的蓝色喷漆和免邮资标签。

设置:

(1)为邮局工作人员摆一张桌子。

(2)把标有儿童姓名的邮箱放到另一张桌子上。邮箱可以由带有分隔的装瓶箱制成,也可以把几个谷物盒或鞋盒粘贴在一起制成。

(3)添加标有"收信"和"发信"的托盘或扁平盒子以及几个扁平容器,用于整理邮票、标签、纸、信封和办公用品。

(4)用结实的纸板箱制作一个立式邮箱。在顶部切割一个槽口,儿童可

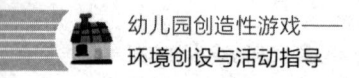

以"邮寄"他们的信件。在底部切割一个下拉门,以便取信。或者,把邮箱喷成蓝色,将当地邮局的免邮资标签粘贴在上面。

(5)展示邮费表和真实的邮票图。

道具

- 不同尺寸的箱子。
- 收银机或钱盒。
- 手提布袋,用于运输信件。
- 日期戳和印台。
- 索引卡(用作明信片)。
- 宣传品邮件。
- 纸和信封。
- 铅笔和马克笔。
- 游戏币。
- 收据垫。
- 为小包裹称重用的秤。
- 邮递员穿的制服。
- 黏性标签、宣传品邮票或废邮票以及胶棒。
- 钱包。
- 备选:美国邮政优先邮件箱(从邮局免费获得),里面塞上报纸或更重的材料,用胶带封起来。

促进参与

游戏框架之外:

- 参观当地的邮局,或者在邮递员送信时去见邮递员。

- 向邮局职员索要教师可免费获取的物品。与儿童谈论这些物品上的信息。
- 在附近散步，观察不同家庭和企业的邮箱。或者，拍摄各种各样的邮箱照片，将照片贴在戏剧表演游戏区。
- 让每个儿童给一位家人写信或者画出信息。把这些信件投进最近的邮箱或者在办公室交给邮递员。
- 把各种邮票的图像投射到白板或屏幕上，讨论邮票上的美术作品和信息。
- 进行如下的提问和评论：
    * 你可以帮杰里米找到约翰的邮箱吗？
    * 我看到你今天去寄信了。你朋友收到邮件会很高兴的。
    * 你有没有特别想要寄信去的人？

玩伴：

- 在演示给包裹称重以及查费率表找到寄包裹所需的邮费时，要把想到的内容说出来。
    * 我想买张邮票寄这封信，大约需要多少钱？
    * 我的包裹什么时候会到？

相关体验

- 要求儿童设计自己的邮票并用锯齿剪修剪邮票的边缘。
- 在美术区添加泡沫花生和方形的气泡包装膜，用来拼贴材料。
- 提供各种宣传品邮件，如杂志、信件、广告等，让儿童分拣到不同的箱子里。
- 帮助儿童学习或者练习写自己的名字和地址。

餐 馆

区域布置

材料:

- 矮书架。
- 马克笔。
- 带食品图的菜单。
- 纸。
- 玩具橱柜或大纸板箱。
- 玩具水槽、灶具或大纸箱。
- 小桌子。
- 桌子和椅子。

设置:

- 布置厨房家具(水槽、灶具和橱柜)。如果没有,就用结实的箱子制作这些用具。
- 为顾客摆一张桌子和几把椅子。
- 在柜台或矮书架的一端腾出空间,用于放置服务员的道具。
- 添加一张收银员用的小桌子。
- 添加"营业""打烊"等标志牌,如果决定了餐馆的名称,可增加该名称。
- 张贴儿童建议的带食品图的菜单和价格。

道具

- 围裙。

- 各种服装，如衬衣、衬衫、连衣裙、鞋、围巾等。
- 碗。
- 收银机或钱盒。
- 餐巾。
- 烹饪用具。
- 洗盘子用的盆。
- 空的食品罐和食品盒。
- 量杯和量勺。
- 菜单。
- 服务员和收银员用的便笺和铅笔。
- 盆。
- 铅笔。
- 水罐。
- 塑料盘、厨房用具和杯子。
- 游戏币和信用卡。
- 锅架。
- 钱包。
- 盐和胡椒瓶。
- 桌布或台垫。

注意：玩具食品会限制餐馆的供应品种，抑制儿童的想象力。

促进参与

游戏框架之外：

- 参观学校餐厅或附近的一家餐馆。指出人们做的不同工作。如果可能

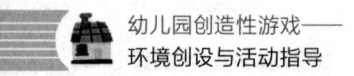

的话，采访餐馆的员工。
- 与儿童讨论在餐馆吃饭的经历，添加相关的道具。这种讨论可能会决定你在戏剧表演游戏区创建的餐馆类型。
- 让儿童集体讨论，然后投票确定餐馆的名称。帮助他们制作标志牌。
- 演示如何在餐馆摆设餐桌，比如刀、叉、汤匙、筷子、碗、茶杯、茶碟等的摆放。
- 进行如下的提问和评论：
  * 这个汤闻起来很美味，你是用什么菜搭配的呢？
  * 脏盘子都堆在那里，我觉得这家餐馆需要人洗盘子，你能帮下忙吗？
  * 看起来坐不下这么多人。

玩伴：
- 演示查看菜单和点菜。
  * 你推荐我吃什么菜呢？
  * 这是我要点的菜。
  * 这个菜要多少钱？

相关体验

- 向儿童展示各种各样的菜单范本。提供折叠的纸和马克笔，让儿童制作自己的菜单，写上自己最喜欢吃的食物。
- 提供橡皮泥，儿童可以用来制作食物。
- 与儿童一起准备一份餐馆可以提供的快餐。
- 或者给桌子罩一张厚的银色篷布，然后在篷布上剪开一个窗口，制成食品车；也可以将一个大的冰箱盒子切掉顶部，在侧面开一个窗口，底面添加用于支撑的托架。如果是设在室外，儿童可以开着玩具车来这个窗口。

鞋 店

区域布置

材料:

- 两张桌子。
- 纸板或成人鞋垫。
- 椅子。
- 带标签的鞋的示意图。
- 矮书架。
- 马克笔。
- 纸。
- 穿着各种鞋子的人的照片。
- 低凳或脚凳。
- 胶带。

设置:

(1) 排列几把椅子。

(2) 提供一个矮书架,用来放鞋子和其他物品。

(3) 添加两张桌子:一张用作销售柜台,另一张用于清洁鞋子。

(4) 提供一个低凳或脚凳,顾客用来试穿鞋子。

(5) 张贴标志牌,比如鞋店名称、"营业"、"歇业"、"在售"等。

(6) 展示穿着各种鞋子的人的照片,比如芭蕾舞演员、建筑工人、男(女)牛仔、护士等。

(7) 绘制一只或多只鞋子的示意图。在鞋子的各部分做上标记。

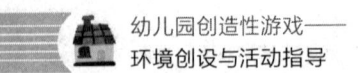

(8) 用纸板或成人鞋垫制作一个鞋码测量器，标上儿童的鞋码，然后将其粘贴到地板上。

道具

- 收银机或钱盒。
- 清洁用品，如刷子、布、海绵和空鞋油罐等。
- 销售人员穿的夹克。
- 记录鞋码用的纸和铅笔。
- 游戏币和信用卡。
- 钱包。
- 收据便笺。
- 测量脚长用的尺子。
- 鞋盒。
- 鞋子目录。
- 鞋拔。
- 鞋楦。
- 袜子。
- 电话。
- 不易破碎的落地镜。
- 各种各样的鞋子，特别是儿童的运动鞋、靴子、礼服鞋、皮鞋、凉鞋、拖鞋等。

促进参与

游戏框架之外：

- 与儿童谈谈不同种类的鞋、系鞋带的方法以及制作鞋子的材料。

- 参观一家鞋店或修鞋店。
- 让儿童指出所穿鞋子的各个部分,比如鞋头、鞋底、鞋舌、鞋眼、鞋带等。
- 进行如下的提问和评论:
    * 你能帮杰西系鞋带吗?
    * 我认为玛雅可能对一些鞋感兴趣。

玩伴:

- 进行如下的提问和评论:
    * 你能帮我量一下脚长,看看这双鞋合不合适吗?
    * 这双鞋多少钱?

相关体验

- 测量每个儿童的鞋码,把结果画成图。
- 在附近转转,寻找并数一数鞋子的不同类型。
- 提供拼贴材料以及脚和脚踝形状的卡纸,儿童可以在纸上制作自己的鞋。

宠物诊所

区域布置

材料:

- 各式各样的盒子、板条箱、洗衣篮或便于运输的宠物笼。
- 标有狗或其他宠物各部位的示意图。
- 马克笔。
- 纸。

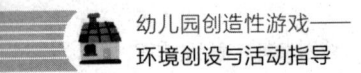

- 宠物的照片或海报。
- 桌子和椅子。
- 胶带。
- 宠物的 X 光片。

设置：

（1）在等候区摆设一张桌子或两三把椅子。

（2）为宠物提供各式各样的盒子、板条箱、洗衣篮或便于运输的宠物笼。

（3）展示宠物的照片或海报。

（4）张贴标有狗或其他宠物各部位的示意图。

（5）张贴"动物（宠物）诊所"的标志牌以及各种宠物的检查费用表。或者提供材料供儿童制作这些标志。

（6）展示宠物的 X 光片。X 光片可以从网上下载，从宠物诊所获得，也可以在透明胶片上绘制。

道具

- 预约簿。
- 绷带（纱布或弹力绷带要好于一次性的胶布绷带）。
- 收银机或钱盒。
- 带纸（病历）的夹板。
- 项圈和皮带。
- 给宠物洗澡的盆。
- 空药瓶。
- 空宠物食品罐。
- 方形布块和衣夹，可供儿童用来假扮宠物。
- 食品碗和喝水碗。

- 游戏币。
- 收据便笺。
- 橡胶手套。
- 秤。
- 用压舌板制成的骨折夹板。
- 听诊器。
- 毛绒动物玩具。
- 注射器（玩具或拆除了针头的真实注射器）。
- 电话。
- 宠物医生的外套（白衬衫改成的大小合适的白大褂）和其助手的工作服。

促进参与

游戏框架之外：
- 要求儿童介绍他们的宠物，讲述他们如何照顾宠物、宠物生病时他们该怎么办。
- 安排一位宠物医生或医生助手来课堂，与儿童谈谈他们的工作和他们所照料的动物。
- 使用一只毛绒动物玩具，与儿童谈谈带宠物去看医生的步骤：预约、把宠物放进运输笼、开车到医院、登记、等候医生和其助手检查、治疗、付费、开车回家。
- 进行如下的提问和评论：
  * 你的助手是怎样帮助你检查那只狗的？
  * 这只兔子看起来不太舒服，你认为该怎么做呢？

玩伴：
- 进行如下的提问和评论：
  * 我家小猫的脚受伤了。
  * 我的狗该打狂犬疫苗了，我想预约一下。

相关体验

- 鼓励儿童画出和"写出"他们的宠物——无论是真实的，还是想象中的，并记录下来。这些图片可以放入班级纪念册。
- 提供织物和人造毛皮的边角料、羽毛、毛线和其他拼贴材料，供儿童在美术区制作宠物。
- 领养一只宠物。鱼、爬行动物、长尾小鹦鹉或地鼠、豚鼠、花枝鼠这些小的哺乳动物都是很好的课堂用宠物。鼓励儿童参与照顾它们。宠物能提供很多宝贵的学习机会。
- 要求儿童对不同种类的宠物图片进行归类。
- 在音乐区添加关于动物的歌曲磁带或CD，供儿童欣赏。

区域布置

材料：
- 2个大纸板箱。
- 3~4个洗衣篮。
- 篮子或碗。
- 晾衣架或晾衣绳。
- 熨衣板。

- 马克笔。
- 旧旋钮和转盘（可选）。
- 纸。
- 桌子。
- 胶带。

设置：

- 用结实的大箱子制作洗衣机和烘干机。箱子侧面切割出下拉门，绘制或粘贴旋钮和转盘。或者在每个箱子顶面切割出一个圆圈，圆圈要略小于圆形的洗衣篮或塑料碗。把洗衣篮或塑料碗放入洞内，并粘上一个独立的盖子。
- 摆张桌子，用于分拣衣服和叠衣服。
- 添加几个带有下列标签的篮子："浅色""深色""干净""脏"。
- 提供一个晾衣架或一根晾衣绳
- 如果可能，提供一个熨衣板。
- 张贴标志牌，比如"自助洗衣店"。

道具

- 各种儿童的服装、玩具娃娃的服装以及袜子。
- 容易折叠的尿布或小毛巾。
- 晾衣夹。
- 空的洗涤剂盒。
- 衣架。
- 玩具熨斗或拆除了电源线的真实轻便熨斗。
- 橡胶手套。
- 板刷。

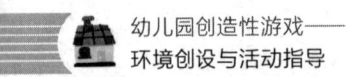

促进参与

游戏框架之外：
- 参观一家自助洗衣店。注意洗衣机、烘干机和洗涤剂分配器。
- 与儿童谈谈洗衣服的过程。
- 张贴一张洗衣步骤示意图：
    * 按颜色分拣衣服。
    * 设置水温。
    * 把皂液倒进洗衣机。
    * 放入衣服。
- 进行如下的提问和评论：
    * 你洗的衣服是浅色的还是深色的？
    * 曼尼需要人帮忙叠衣服。

玩伴：
- 进行如下的提问和评论：
    * 这些衣服太脏了，我要把它们放入洗衣机，温度设定为"温水"。
    * 你能帮我找到这双袜子中的另一只吗？

相关体验
- 添加游戏币和硬币收集盒，或者在洗衣机和烘干机上设置投币口。
- 在操场设置晾衣架或短的晾衣绳。让儿童在戏水桌或盆里用无刺激洗涤剂洗小衣服，然后把衣服挂起来晾干。
- 在音乐区添加搓板状的乐器。
- 提供桶、海绵、儿童用笤帚和拖把、鸡毛掸子、空喷壶、抹布等房屋清洁道具，拓展主题。

第 5 章

美术体验活动方案

第5章
美术体验活动方案

　　如同戏剧表演游戏一样，儿童的美术表达也植根于他们的经历以及他们理解这种经历的方式。你提供的任何活动都应该是儿童发起和主导的，这样每个儿童所做的事和做事的方式才是独特的、对个人有意义的。"重要的是过程，而不是结果"，这句格言应该在你心中占第一位。儿童的美术作品不必非要看起来像什么特别的东西，虽然也可能像。重要的是，儿童做什么和怎么做才能对他们有意义。你为儿童提供了充满活力的红色、黄色和蓝色颜料，但他可能画得满纸都是土褐色。但在这一创作过程中，他可能用单一的颜色画出彩虹般的圆弧，添加上在他看来像一杯冰淇淋的漩涡，当观察到颜料的滴落是如何使冰淇淋融化的时，他可能会再添加上水平线条制止颜料流淌，他还注意到每一次笔触都会改变颜色。他很可能全身心地投入其中，沉迷于他能用颜料做什么，却并不关心他的美术作品是不是能够钉在展览板上。

　　美术活动是开放的，注重的是过程，而不是为儿童规划好画出一个特定物品。要鼓励他们去探索材料和工具，用这些材料和工具试验看看能做什么。他们能够计划、预测和解决问题，而不是依赖教师替他们做这些。他们的每幅作品都是不同的，没有哪两幅作品看起来一样。因为没有教师创作的样本或教师一步一步的指导，所以儿童可以自由地表达自己的想法，感受这种成功。如果期望儿童遵循特定的指令或模式，那么最终他们的作品看起来不像样本时，他们就会感到沮丧、信心不足。你一定听过一个儿童说"我做不了，你替我做吧"，这就是信心不足所导致的后果。相反，开放性美术项目能够激励和帮助儿童增强信心和能力。

　　手工美术可能是凌乱的。如果你在儿童时代没有做过凌乱的美术项目，那么一开始你可能会对这些过程感到不舒服。你也可能需要与家长谈谈手工美术的益处（还要鼓励他们送儿童上学时不要给儿童穿最好的衣服）。在目睹了儿童在创造性自我表达中的参与热情和喜悦之后，我希望你会认识到，这种潜在的凌乱顶得上你所做的任何额外的努力。预测一下儿童会如何使用美术用品，将有助于你做好清理计划。儿童可以在美术区中承担相应的维护责

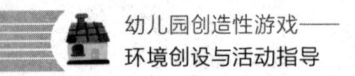

任,比如,收集地上的报纸、把托盘摆好、擦拭桌子等,他们将从中受益。

通过美术活动激励创造性表达

虽然支持创造性表达是布置美术区和提供材料时主要考虑的事项,但通过与儿童的互动也能为创造性表达铺平道路。以下就是对此的一些提示。

(1)**帮助儿童回顾过去的经历和他们知道的做事方式**。与儿童谈谈他们做过什么和去过哪里,一起看看照片,鼓励其进行对话。

(2)**分享伟大艺术家的作品**。向儿童展示艺术作品的复制品。提醒他们注意细节。问他们看到了什么、有什么感受、最喜欢什么,艺术家是如何创作的。与张贴那些可爱的、预先画好的、学生用品店里售卖的插图比起来,重印的艺术家作品更能激发儿童去试验美术材料和自我表达。分享你对不同类型和风格(绘画、雕塑、拼贴画、现实主义、印象主义、抽象主义等)的美术作品的鉴赏。

(3)**找一个特殊的地方展示漂亮的物品**。在架子上放一些有趣的物品,能够引起儿童的好奇心,激发他们密切观察。这些物品包括闪亮的贝壳、盛开的兰花、民间美术雕塑、动物雕像、玉米皮娃娃、景泰蓝盒子、中美洲的翻车鱼、加纳的蜡染布等。

(4)**使用文献**。通过书籍激发儿童的学习和美术表达。儿童图画书中的插图生动形象地描绘了书中的内容,本身就是美术作品。与儿童谈谈不同美术元素的风格和用途,比如形状、形式、颜色、质地和线条。有很多书是关于创造性艺术的,这些书将帮助你就书中呈现的各种创造性表达与儿童展开对话。

确保在任何时候都能提供充满艺术感的、带插图的书。

（5）介绍工具和演示技术。 向儿童展示如何使用新的工具和材料。在演示技术时，只要儿童动起手来，就不需要再演示。比如，你提供了玉米芯作为印刷工具，演示将玉米芯的侧面在颜料盘中滚动，然后再滚在纸上。要鼓励儿童去探索、试验工具和材料。他们需要时间来找到最适合他们的方法和技术。

（6）提出开放性问题。 帮助儿童对艺术创作的过程进行批判性思考。提出诸如以下问题："黏土摸起来怎么样？""既然你决定要建一幢房子，那需要什么材料呢？""你用什么制作车灯呢？"问问他们对规划和创作美术作品有什么想法，以帮助他们认识到思考和表达自己的能力。

进行如下提问："关于这张照片，你能告诉我些什么吗？""你是怎么想出这个主意来的？""你是怎么把这些碎片粘在一起的？""在制作的过程中，你最喜欢什么？"

（7）给予积极的反馈。 如何回应儿童的创造性活动是很重要的。即时的评论或不假思索的话语都可以让儿童对自己的能力和创造性产生看法。诸如"干得好"这类空话或"我喜欢……"这类评判性的话，只会使儿童把取悦大人作为做事的目地。如果有儿童问"你喜欢它吗？"，你要问她自己是否喜欢或对她做的事是否满意。不要给出泛泛的好评或者表达你的偏好，而要通过评论他们的努力程度或艺术元素（如儿童作品中的颜色、纹理、形状或图案）来进行鼓励。这可以帮助他们专注于自己做了什么和如何做的，同时也告诉他们，你很重视他们的个性思维和创造性工作。比如：

* 我看到你的纸上都是红色、黄色和绿色。

* 你的雕塑摸起来很光滑。你把所有的结块都去掉了，你很努力。

* 我注意到你把四个橡皮泥球一个接一个摞了起来。

* 你的拼贴画用了这么多不同的材料。

* 你用黏土捏的猫又厚又结实，它自己就能站起来。

* 你在这些形状周围放了一些纽扣和种子，这个设计很有趣。

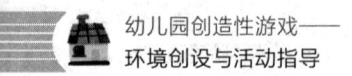

* 我看到你的画上有很多漩涡，你能描述一下吗？

鼓励他们进行更多的尝试。当儿童表明已完成作品时，要询问他是否需要更多的纸或颜料，或者是否要制作别的东西。

活动和材料

绘画

在视觉艺术中，做记号或绘画通常是儿童的第一种艺术表达形式。它是最基本的艺术表达形式，儿童自然而然就会做，只需要一个简单的工具，比如一只蜡笔，甚至只需一根手指。虽然提供白纸和马克笔在儿童早期教育课堂上司空见惯，但也有很多其他的方法可以激励儿童通过绘画来创造性地表达自己，拓展这一自然倾向。

* **沙画**：在烤盘上铺一张深色纸，上面均匀地撒上大约1厘米厚的沙子。儿童可以用手指在上面画画。轻轻摇动盘子，把沙子重新摊平，就可以擦除画。
* **窗画**：把窗蜡涂抹到窗户上，晾干后，可用手指在窗户上画画。
* **湿纸上的粉笔画**：在图画纸上喷水，使纸变潮。为儿童提供粉笔。儿童可以把粉笔浸蘸水中，使颜色更鲜艳，或者把浆糊涂在纸上，这样粉笔印迹就不会太模糊。
* **纸巾画**：给儿童水性笔，让他们在白色纸巾上画画。画完后往纸巾上喷水，使颜色混合。
* **蜡笔—颜料画**：提供蜡笔、纸、水彩或蛋彩画颜料。用蜡笔画图，然后涂上颜料。颜料涂在纸上时不能覆盖蜡笔的印迹。或者用胶水或浆

糊画画，待干后在上面涂颜料。

* **跨接画**：提供以某种方式改动了的纸。比如，在纸上粘贴另一张颜色反差较大的纸；在纸上剪一个圆形、三角形、方形或无固定形状的洞，或者用打孔机在纸上打孔。这些改动会进一步激发儿童进行创造性绘画。

* **图框画**：预先在黑板或干擦板上画好图框，儿童可以在图框里画画。如果黑板或干擦板足够大，那么几个儿童可以共同画一幅画。

* **音乐画**：以不同的节拍和情调弹奏器乐，启发儿童画出听到的东西或者他们对音乐的感受。

* **标题画**：在纸张上部写一个标题，促进创造性思维。比如，我的愿望是什么；想象中的操场；我最喜欢的东西；我能够看到（听到、感觉到、闻到、尝到）的……

* 或者，在一张大纸上或黑板上预先画出房子的侧面和屋顶，这样几个儿童就能够同时画出对"房子里有什么"这个问题的回应。另外，也可以给儿童读一个简短的故事，但不给他们展示图片，启发他们自己绘制插图。

颜料画

颜料的可触性质和许多可能的用途都吸引着儿童以各种形式来绘画。颜料可以挤压、涂抹、笔刷、滴落、泼溅、喷洒，还可以绘出细腻的笔触。不同种类的颜料和各种各样的工具激励着儿童以多种方式去实验和表达自己。

* **手指画**：把一管或几管手指画颜料直接倒在平滑的表面上，比如一大张手指画纸、烤盘、粘贴牢固的塑料桌布或者桌面。一旦把颜料摊开，儿童就开始用手探索颜料的质地，这时需要提供工具，比如叉子、塑

料刀、梳子、软木塞和泡沫卷发器。让儿童把手指画颜料和剃须膏直接在桌面上混合，这样方便清洗手和衣服，同时容易清理桌子。

* **在画架上绘画**：在美术区设置一个或多个画架。画架可以承载大张纸和儿童的大笔触。画架的高度要适合幼儿。托盘要使颜料和画笔伸手可及。掺了水的蛋彩画颜料黏度合适，是常见的画架用颜料；而其他类型的材料，比如彩色粉笔、蜡笔乃至不同介质的组合也很好用。

* **水彩画**：提供干式粉饼套装或液体水彩颜料。还可以让儿童使用一些基本的厨房调料和食用色素（见附录A），这些东西很容易使颜色混合，对蜡笔—颜料画也有用。专门的水彩纸能够很好地吸收和散布水彩颜料，但很贵。其他类型的纸张可以用于日常项目，而水彩纸可节省下来用于特殊项目。

* **彩色玻璃窗画**：把画架纸剪成窗户或窗玻璃大小。儿童可以使用蜡笔或油画棒在纸上绘图，然后再用液体水彩颜料涂抹。把纸粘贴到窗户上后，光透过水彩颜料会闪闪发光。

* **黑线条水彩画**：让儿童使用不褪色的黑色马克笔在纸上画出形状、图案或图片，然后再用水彩颜料完成作品。

* **泡沫画**：这种浓颜料有着剃须膏般的黏稠度（配方见附录A）。让儿童把颜料从自封袋中挤出来，涂抹在结实的纸或纸板上，掺杂在里面的一些干颜料可能不会永久保持黏性，但这种颜料的质地会鼓励儿童进行实验。

* **滴画**：把几种颜色的液体水彩颜料倒入画架上的托盘。提供滴眼药器或吸管，让儿童把颜料滴到纸上。鼓励儿童结伴进行创作。

* **滴管画**：在小罐里（婴儿食品罐大小）放上几种颜色的食用色素，加入少量水拌匀。提供滴眼药器，让儿童把颜料滴到咖啡过滤器、纸巾或白毛毡上。颜色会通过这些多孔材料扩散开来，形成有趣的抽象画。

* **纸巾画**：让儿童用可洗马克笔在纸巾上绘画，然后在上面轻轻地涂抹

颜料或滴水，使画变湿。

* **自画像**：为每个儿童复印一张大头照，将照片粘贴在一张大纸的顶部。儿童用颜料画自己身体的其他部分。他们也可以把颜料涂到自己的手上，把真实手印按到自画像上。

* **刮擦画**：把几种颜色的蛋彩画颜料放入拧盖式瓶或塑料番茄酱瓶中。鼓励儿童把少量颜料淋到纸上，然后用过期的信用卡或类似大小的纸板片进行刮擦，使颜色混合。

* **飞溅画**：把绘画区域用报纸或塑料罩布完全盖住。给儿童小画刷，让他们把小画刷浸蘸到可洗的蛋彩画颜料或液体水彩颜料中去，然后用小画刷把颜料抛洒到纸上。也可以轻敲画刷，把颜料弹到纸上。这是一个很好的室外美术项目！

* **炼乳画**：把食用色素和几大汤匙炼乳放入制冰格或小罐里进行调配。给儿童小画笔，用画笔把这种无毒的黏稠混合颜料涂抹到纸上，甚至可以涂抹到小甜饼上。

* **吸管吹画**：给儿童滴眼药器和吸管。让他们把液体水彩颜料滴到自己的托盘里，然后用吸管把液体水彩颜料吹到纸上，使颜料在纸上舞动。准备几种不同的吸管，让儿童体验每种吸管制造的不同效果（如果吸管的顶部开口太小，就吸不住任何颜料）。

* **大理石球画**：将纸铺在儿童可以轻松拿起的盒子的底部。让儿童把蛋彩画颜料从拧盖式瓶子或番茄酱瓶子里挤到纸上。在盒子里添加几个大理石球。当儿童把盒子向前、向后倾斜时，大理石球就会在颜料里滚动，创造出有趣的效果。如果大理石球容易从盒子里滚出来，那么可以用保鲜膜缠绕盒子，这样仍然能够看到里面。让儿童轮流倾斜同一个盒子，就可以创作出一幅集体画。或者，让两个儿童分别拿着盒子（更大一些的盒子）的一端，使用大理石球、乒乓球或网球来创作。

* **雪景画**：按照附录 A 中的配方制作雪景画颜料。儿童可以把这种浓稠

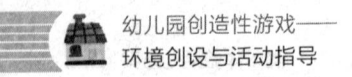

的发泡颜料涂抹到彩色卡纸上。画面干了后,仍然会保持原来的形状。

* **混合介质板画**:提供画布板。在一连数天里,制作几种不同稠度的颜料——一开始使用水彩,然后使用稠的蛋彩画颜料或手指画颜料。儿童可以在同一块画布板上随意加入尽可能多的颜料。如果颜料层特别厚,就帮助他们把一张干净的纸压在画布上,制作图案。

版画

版画可以让儿童亲身体验因果关系,因为他们要试验利用不同的工具和技术把图像转换到纸上。基本的版画技术是先把三维物体(版画工具)浸到蛋彩画颜料或丙烯酸颜料盘里,然后再将其按压到纸上。薄颜料层效果最佳。有时候把颜料涂刷到要复制的物体上或者用小滚筒把颜料涂抹在该物体上更易操作。如果纸上留有多余的颜料,那么可用一张纸巾按在上面,把颜料吸掉。如果由此制成的版画太模糊,可以把毛毡垫在颜料盘里,用颜料浸泡,这样就制作出一个临时印台,可以印出更清晰的图案。

可用来尝试的版画工具有:浆果篮、纸板卷筒、饼干刀具、玉米芯、羽毛、花朵(花茎长度要能用手抓住)、厨房工具(如土豆捣碎器、叉、铲等)、天然物品(如松果、种荚、贝壳等)、鞋垫、线轴、玩具车、积木等。

* **泡泡版画**:把蛋彩画颜料粉混合进泡泡溶液(配方见附录A)。如果可能,制作多种颜色。在浅盘或纸盘中倒入一些混合溶液。给儿童吸管,让他们在混合液中吹出泡泡。一旦盘中充满了泡泡,就用纸轻轻地接触泡泡,制作版画。以不同的颜色重复这一过程,将会产生各种颜色混合的、重叠的泡泡图案。

* **气泡包装膜版画**:把气泡包装膜切成方形。在纸盘中倒入几种颜色的颜料。先把气泡包装膜按在颜料里,然后再将其按压到纸上。或者,把气泡包装膜包在儿童的脚上。将几种不同颜色的颜料倒进比他们的

脚还要大的烤盘。然后取一张长的画架纸铺在地板上,让每个儿童用脚浸蘸一种颜色的颜料,然后走到纸上制作版画。不同颜色重叠在一起就成了一幅集体作品。

* **软木印章版画**:制作软木印章供儿童使用。把纽扣或从鞋垫、泡沫托盘上剪下来的形状粘贴到软木瓶塞的底部。或者用橡皮筋把三个、五个或七个软木塞绑到一起。捆绑起来的软木塞印出的图案非常像花朵。

* **几何图形版画**:为儿童提供各种尺寸的纸杯、正方形和长方形小盒子以及几何形状的包装材料,用于制作版画。

* **叶子版画**:鼓励儿童收集叶子,并把形状有趣的叶子排放在纸上。接下来,先把滚子或泡沫颜料滚子浸蘸到颜料中,然后在叶子上面滚动。向他们演示如何小心翼翼地把叶子拿开,让纸上呈现出叶子的轮廓。或者,把滚子在叶子上滚动,然后把叶子有颜料的一面小心地压到纸上。向他们演示如何把另一张纸按到叶子上面,或者使用滚子在叶子上滚动制作版画。

* **海绵版画**:把海绵剪成各种形状。如果海绵太薄不容易拿住,就用晾衣夹把每块海绵的中心夹住,当作把手。鼓励儿童用干海绵和初次用水浸湿的海绵尝试制作版画。

* **线条版画**:提供15~30厘米长的丝线或纱线,将其浸蘸到蛋彩画颜料中,然后拽着线横放在纸上。或者,把纸对折,将浸蘸过的线放在其中一半纸上,然后把另一半纸折叠,制作出对称图案。

拓印

只需在物体上放一张薄纸,然后用蜡笔的一侧在上面摩擦,就可对各种物体进行拓印。为了帮助儿童固定物体,首先把纸粘贴到桌子或托盘上。如

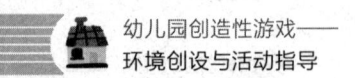

果使用树叶或硬币进行拓印，叶脉和硬币的鼓起部分就会凸显出来。给儿童纸和蜡笔，让他们到室外去，鼓励他们寻找不同纹理的物体进行拓印。也可以使用水彩颜料进行拓印。蜡笔上的蜡会妨碍颜料上色。为儿童提供印台，让他们在纸上按拇指和其他手指的图案。也可以使用细的毡尖笔，通过在手指上画画来完成图案。

建模

儿童很乐意使用柔性建模材料。面团和黏土容易压、拍、戳、滚，可以塑造成不同的形状。这些黏稠的材料鼓励了探索、问题解决和不同形式的自我表达。添加建模工具和材料，可以进一步激发儿童的创造力。这些触感材料会给儿童某种慰藉，有着极大的吸引力，要放手让儿童去玩。

附录A列出了几种建模材料的制作方法。只要可能，就让儿童帮忙和面团。某些类型的面团和黏土更适合制作硬质作品；其他类型的可以放在密闭的容器或冷藏后再次使用。文具店或工艺品店可以买到各种硬化和非硬化建模材料，选择最适合儿童、最符合你的目的和预算的材料。由纤维板或油毡方块制成的黏土板有助于界定每个儿童的工作空间，能够更容易地把美术作品转移到烘干架上。

* **面团和黏土补充物**：制作一个建模工具箱，里面可放入饼干刀具、塑料餐具、土豆捣碎器、滚刀、擀面杖和剪刀。添加生日蜡烛、瓶盖、纽扣、硬纸管、工艺棒、干秸秆、羽毛、高尔夫球钉、活动眼睛、绒条、大轮胎的玩具车、小型塑料动物、贝壳以及其他自然物品。将这些材料组合起来，比如，瓶盖和稻草；绒条、纽扣和活动眼睛；不同的贝壳。

* **黏土珠子**：按照附录A的配方制作可涂颜料的黏土。向儿童演示如何把一块棉花糖大小的面团揉成球状。帮助他们用筷子或吸管在每个球

上戳个洞。一旦珠子晾干，他们就能在上面涂颜料。这些珠子可用鞋带或塑料绳串起来。可提供2厘米长的吸管，让儿童制作更长的绳子，以便串更多的珠子。

* **纸塑**：选择一种雕塑形状，瓶子、揉成团的报纸、小盒子或卫生纸筒都很合适。帮助儿童用胶带把材料粘贴到一起，制作出形状。向儿童演示如何制作混凝纸造型。把1~2厘米长的报纸条浸入盛满混凝纸浆的碗中（混凝纸浆配方见附录A）。挤出多余的液体，然后把纸条放到基材上，再把纸条抚平。如需要，可以把纸条叠成层，用手抚平，直到所有的气泡都消失。一旦完成，就把雕塑放在蜡纸上，并置于一边直至完全干燥。让儿童用蛋彩画颜料涂抹雕塑。给成品喷上发胶，以封住颜料。注意：给雕塑喷发胶时，要选在通风良好的区域，远离儿童。

拼贴画和马赛克

在拼贴画和马赛克项目中，儿童需要选择和安排材料使之建立某种连接，进而表达自己的想法。他们可能选择相似或相反的材料、形状和质地，可能计划创建一些具象或抽象的东西。或者在深思熟虑地安排物品时，他们可能只是在探索可能性。有一些背景适合拼贴画和马赛克：纸张、纸板、盒盖、托盘、纸盘甚至是钉在刚性基座上的织物。儿童要使用浆糊还是胶水，取决于拼贴材料的质地和重量以及他们自己的经验。浆糊通常更方便年纪较小、经验较少的儿童使用。

颜色、形状和纹理有鲜明对比的材料很适合拼贴画和马赛克。使用其他项目剩下来的碎片和碎件不失为一个好方法。

这些物品可能包括：铝箔、珠子、瓶盖、纽扣、纸板片、彩色胶带、棉球、碎布、羽毛、拼图块、纸片（如礼品包装纸、贺卡、宣传品、杂志、报纸、绘画碎片、壁纸样品）、绒条、游戏卡、自然材料（如干花、石子、松

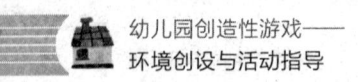

果、种子、贝壳)、螺母和螺栓、办公用品(如标签、纸夹、软木塞、钢笔零件)、闪光片、缝纫用品(如蕾丝、织带、花边)、小瓷砖、邮票和贴纸、纱线。

* **自然拼贴画**：带儿童到大自然中散步，收集天然材料，然后用胶水或浆糊将其粘贴在卡纸或纸板上。如果是叶子和花这些易损物品，那么可以帮助儿童在上面压张报纸和重物，把这些物品压平；或者把它们保存在两张蜡纸之间。在蜡纸的上面和下面各放一张报纸，然后把这一摞纸熨烫一下，使蜡融化。注意：熨斗只能大人使用。

* **剪纸拼贴画**：提供预先剪好的各种不同尺寸和颜色的几何图形。儿童在把这些形状粘贴到合适位置之前，可以先把形状排列成图案。提供马克笔和蜡笔，供那些想在图案上画画的儿童使用。

* **纸巾拼贴画**：提供碎纸或让儿童把不同颜色的纸巾剪成或撕成片。给儿童厚纸、一碗浆糊、画刷、固体胶。儿童可以把纸巾碎片摆放在厚纸上，用固体胶粘好；或者先在厚纸上涂一层薄薄的浆糊，以便把纸巾碎片固定到相应位置。如果他们对摆放方式感到满意，那么可以在上面再涂一层薄薄的浆糊。一张张摞起的纸巾碎片就成了各种颜色的组合。如果底层纸用的是蜡纸，效果会有点像彩色玻璃。

* **碎纸拼贴**：儿童可以把各种类型的纸撕碎，然后将它们用浆糊或胶水粘贴到整张纸上。还可以提供马克笔、蜡笔或其他拼贴材料供儿童选择使用。

* **家庭照片拼贴**：复印儿童和其家庭的照片，让儿童剪切并排列在纸上，拼贴出自己的"影集"。让儿童口述并记录下来，或者帮助他们在拼贴画上贴上标签，标出人物、地点和事件。

* **砂纸和毛线拼贴画**：提供粗砂纸和成段的彩色毛线。儿童可以把毛线摆在砂纸上，砂纸可"抓住"毛线。在玩这种拼贴画时，儿童可以随时取下毛线，重新排列。

* **专题拼贴**：提供杂志、日历上的图片供儿童裁剪用。这些图片可以设计一个主题，比如性质、面孔或动物。儿童也可以从各类图片中选择类似的图片来创建自己的主题，然后进行排列、粘贴。

* **混合拼贴**：提供不同种类的材料，让儿童选择并以自己的方式安排。尽管过多的材料可能让人不知所措，但提供3~5种通常不归为一类的材料，可能会带来出乎意料的新颖作品。比如，给他们贝壳、绒条、纸夹和棉球。纸板或卡纸是很好的底板，也可以使用布块作为底板。

* **彩色方块马赛克**：从5~6种不同颜色的图画纸上各剪下一个边长为2厘米的正方形。提供胶水、棉棒或固体胶，让儿童把它们排列并固定到背景上。或者把杂志照片剪成正方形。

* **方格纸马赛克**：给儿童大方格纸和彩色马克笔。他们可以在方格纸上涂色，制作马赛克图案。

* **塑料盖马赛克**：提供浅的塑料瓶盖、白胶、种子和其他小物品。儿童可以向每个瓶盖挤入足以覆盖盖底的胶水，然后把种子或其他小物品按入其中。待马赛克变干后，就可用蛋彩画颜料涂绘。胶水加上颜料，可以制造出更加丰富多彩的背景。或者，从五金店或一元店购买瓷砖黏结剂填充瓶盖。还可以提供发光片、珠子、瓷砖碎片和玻璃碎块。

组合画和雕塑

组合画与拼贴画类似，也是把用各种物品制成的一件件美术作品组合在一起，但它像雕塑一样更具有三维立体感。一些组合画和雕塑是在基材上创作的，比如花店的黏土或发泡胶，有的可以之后再安装在底板上。有些物品，比如纸板块、羽毛、金属废料、纸夹、绒条和电线等，很容易粘到底板上，并且在创作过程中也很容易重新安排。许多材料都可以用于组合画和雕塑。在把独一无二的材料添加到你提供的物品中去时，要保持谨慎。

争取得到家庭的支持，请家长收集以下可回收材料：果篮、瓶盖、盒子、泡泡包装膜、纽扣、纸板、软木塞、蛋托杯、碎布、花店的黏土、没有锋利边缘的金属边角料、牛奶箱、纸杯、卫生纸筒、塑料杯、缝纫用具、线轴、积木、金属丝、碎木块、木珠。

* **盒子艺术**：提供各种不同尺寸和形状的盒子、纸板管、硬纸蛋托杯。儿童把材料粘贴到一起后，要为他们提供颜料和拼贴材料以添加细节。盒子艺术可以激励儿童制造房屋或其他类型的结构。

* **衣架面孔**：把铁丝弯成圆圈，顶端做成挂钩用于悬挂。把连裤袜展开、打结，然后绕在铁丝圈上。提供纽扣、布块、毛线和胶水，让儿童在衣架圈上制作一幅面孔。

* **厨房水槽之外的任何东西的组合**：顾名思义，适合本项目的材料基本包括所有东西。可以使用的材料包括不同类型的食品容器和包装材料，如瓶盖、面包包装纸、泡泡包装膜和洋葱袋；小的五金件和水暖配件；玩具碎片和厨房装废品的抽屉里常见的各种零碎物品。给儿童提供结实的底板，他们可以用胶水、浆糊或胶带把选好的材料粘贴在一起，创作组合画。

* **报纸帽**：为每个儿童提供四张报纸。把报纸叠平放在一张桌子上，四个角错开。将四层报纸放在儿童的头上，围住儿童的头，再用遮蔽胶带固定，使之像一顶王冠一样。摘下帽子，卷起帽沿，用小条的遮蔽胶带粘好。让儿童给帽子涂颜料或者用拼贴材料来装饰帽子。

* **纸袋雕塑**：帮助儿童把弄皱的报纸塞进纸袋，系上袋口，它们的形状能够激励创新。提供颜料、胶水、浆糊和拼贴物品，供儿童创作自己的雕塑。

* **风铃**：提供碰撞在一起会发出声音的物品。可供选择的有钥匙、串在一起的木珠、垫圈、旧器具、CD、DVD以及中间钻有小孔的贝壳、罐子或罐子盖。儿童可以先使用丙烯酸颜料或其他材料来装饰其中一

些物品。帮助他们把选择的物品串到或系到不同长度的电线上，然后把每根电线系到结实的棍子上或把电线捆到一起，然后拽着穿过倒置花盆盆底的孔。

* **金属丝雕塑**：使用儿童容易用手弯曲的金属丝，如绒条、花园用捆扎线、电话线（彩色线），将其切割成儿童能控制的、长度为18~20节的线材。给他们发泡胶或花店的黏土作为底座，他们可以把丝线插到里面。在金属丝上串上纽扣或珠子，或者加上布块、毛线和羽毛来完成雕塑。或者，在儿童完成雕塑后，把雕塑钉到木块上。

* **木雕**：为本项目准备各种木珠、衣夹、线轴、玩具积木或碎木块。文具店通常卖成盒的小木块。儿童可以把木制品粘到方形的厚纸板、纤维板或磨砂板上。如果胶水无法粘住较重的物品，那么教师可使用黏合剂喷枪帮助儿童创作。

室外美术探索

儿童室外美术创作的方法有很多。如果天气允许，可把画架搬到室外或者在野餐桌上摆设美术用品。室外能够激励儿童以新的方式来表达自己。室外也是进行凌乱的美术项目的特别好的场所。

* **人行道粉笔画**：粉笔可在文具店和工艺品店买到。除了用干粉笔绘画之外，儿童还可以先把粉笔在水中浸蘸一下，使色彩更加鲜艳。给他们盛满水的喷壶。完成人行道上的绘画后，他们可以用水喷洒，使颜色相混合。在雨后带儿童去室外，到潮湿的人行道上画画。

* **人行道颜料画**：使用附录A中在人行道上绘画的颜料配方。给儿童画笔、泡沫刷或海绵在人行道上涂画。或者，完成人行道颜料画后，给儿童装有白醋的喷壶，经过喷洒后，画的颜色会更加亮丽。

* **岩石和花盆画**：清洗干净的岩石或倒置的花盆是不同寻常的画布。让

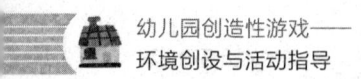

儿童给它们涂上室外用丙烯酸工艺颜料。如果提供有遮蔽胶带，儿童在涂颜料之前可以先用胶带条遮住颜料。待绘画干燥后去除胶带，用一层清漆进行密封。

* **包装胶带自然拼贴画**：把透明包装胶带粘到每个儿童的手腕上，黏性一面朝外。带他们到大自然去散步。当他们找到喜欢的天然材料时，可以用胶带"手镯"粘起来。回到室内后，拿下"手镯"，他们就可以把这些天然材料粘贴到纸上。
* **壁画**：在栅栏上钉上或粘上一段画纸或包装纸。提供小桶装的蛋彩画颜料，让儿童创作一组壁画。滴落的颜料在画完后可以用水冲洗掉。
* **喷画**：把一条白床单挂在栅栏上或夹在晾衣绳上。在一杯水中加入大约2大汤匙的液体水彩颜料，原色最佳。把溶液灌入喷壶。让儿童把溶液喷射到床单上，使颜色混合，创造出有趣的效果。或者给儿童遮蔽胶带，将其提前粘到床单上。还可以提前使用胶带为喷画制作方形或矩形框架，去掉胶带后，儿童的水彩画将突显出来。也可以在地上铺一条床单或一大张白纸，提供各种形状的纸和（或）树叶，儿童可以把这些东西布置在画布上面，然后用水彩溶液喷洒。
* **水画**：只需给儿童水桶和大画笔，让他们在人行道和操场设施上"绘画"。

美术作品的技术制作

精心选择和使用数字技术，能够拓展儿童的美术创作体验和自我表达方式。它能够为儿童提供新的美术创作方式。但是，你选择的任何技术都应该是完全开放性的，这样才能鼓励儿童进行实验，促进儿童问题解决能力和创造力的发展。

* **计算机软件和计算机应用程序**：电脑绘画程序和计算机应用程序可让儿童试验各种颜色、形状和线条，创建新颖的图案和图片。这些程序应该是真正开放性的，允许儿童从零开始创作，这样他们就能够确定自己要画什么和如何画。绘画工具也应该有好几种可供选择。市场上的许多程序和计算机应用程序都宣称是开放性的，但仅有少数能真正做到这一点。很多都是采用卡通字符，儿童可以添加或操控。尽管提供了一些选择，但这些预先画好的字符是设计者而不是儿童的想象。一些空白程序，如 Kid Pix Deluxe、Paper by Fiftyhree 或 SketchBook Express 是首选程序，这样的软件和计算机应用程序能够使儿童从自己的想法和情感出发去创作新颖的美术作品。
* **数码相机**：独立的数码相机或手机和平板电脑的内置摄像头都能方便地拍摄儿童的工作进程以及临时美术作品。比如，儿童摆设的自然物品、彩石、积木搭建、未硬化的黏土雕塑等都可以拍照、打印，这样儿童就可以在其他美术作品中使用这些图像。大多数儿童都能够自己使用相机。
* **投影仪和文档扫描仪**：投影仪可以把透明或彩色图像通过色板或玻璃纸照射到墙壁或屏幕上，可为儿童创作美术作品带来启发。不透明的物体放在玻璃上，投射到墙上后其形状会放大。而更多功能的文档扫描仪既能放大，也能投射不透明的图像、颜色和形状。这些设备使得儿童可以看到各种类型的伟大艺术家的作品，同时也可以用它们投射儿童自己的创作。在美术区摆放一台投影仪或文档扫描仪，儿童就能够一边观察投射到墙壁或屏幕上的效果，一边绘画、试验颜色或创作临时拼贴画。
* **交互式电子白板**：交互式电子白板不太常见，它比上述任何数字设备或投影仪都要复杂得多。交互式电子白板要连接到一台计算机上，而计算机也要连接到一台投影仪上，这样，计算机屏幕才能够显示在

1.2~1.8米的白色钢板上。交互式电子白板允许儿童在白板上使用手指或特殊的笔绘画，而不是用电脑键盘或鼠标。许多品牌的交互式电子白板都装有软件，其中一些软件可用于绘画活动，比如数字笔、铅笔、荧光笔和橡皮。其他单独购买的程序也可以使用。大尺寸的白板为美术表达提供了新的可能性。儿童乐于使用拖形大笔触在白板上创作，在绘画时边擦边改。交互式电子白板也鼓励儿童协同工作，增加了他们之间谈论绘画的可能性。它还允许儿童在其作品中嵌入书面文本、照片、视频以及录制的声音和对话。这样的作品可以保存到文件夹中、打印出来、用作评估，还可以帮助儿童反思自己的创作。

第6章

音乐和运动体验活动方案

儿童利用音乐和创造性运动来阐释自己的体验，传递自己的情感和思想。他们天生对各种声音和音乐感兴趣。也许大多数儿童在听到音乐（摇篮曲除外），尤其是韵律感和节奏感强的音乐时，都无法保持不动。在整个儿童早期阶段，把音乐和运动融入课程设置十分重要，同样重要的是，儿童需要自由地实验音乐和运动交织的"语言"。聆听和制作音乐以及自发地用身体动作来迎合音乐能够刺激大脑连接。在这个过程中，儿童发展并加强了知觉、认知、动作、社交和情感技能。音乐和运动促进了他们的批判性思维和问题解决能力的发展，提高了他们的审美和文化理解能力。如果儿童能够在轻松的氛围中以自己的方式、自己的步调来表达自己，那么他们大多数都会满怀喜悦、热情洋溢地参与音乐和运动体验。

要把创造性运动看作舞蹈。它可能不是传统意义上的舞蹈，但仍不失为一种艺术形式，儿童可以用自己的身体对此做出明确的响应。因为它利用了儿童用身体探索环境这一天性，所以也是一种内在激励。它帮助儿童聆听音乐，甚至帮助他们享受音乐。它为儿童提供了愉悦的能量释放方式，同时又使他们发现自己的身体潜力和创造潜力，完善了基本动作技能、平衡感和协调感。每个儿童（即便是那些身有残疾的儿童）都能享受音乐，以运动来表达自己的情感和思想。当做事没有压力，也不必达到某一设定标准时，儿童会感到成功和自信。

通过音乐和运动激励创造性表达

创造环境和提供能够激发儿童去探索、分析和创造的材料，是帮助他们表达自己的第一步。要在音乐区做好布置、配好设备，儿童可在此探索和实验发声乐器。除此之外，有计划的体验和你的指导会进一步鼓励儿童的学习和创造性表达。你需要考虑的最重要的因素是，应该确保音乐和运动体验好

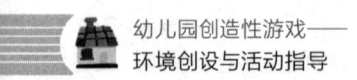

玩、具有互动性和乐趣。

（1）**播放高品质音乐**。儿童经常听音乐——体现大众文化的排行榜前40首歌曲、屏幕媒体配乐、广告短音乐以及购物商场播放的音乐。但这种类型的音乐可能质量不佳，并不能鼓励儿童真正去倾听。儿童可能还没有机会聆听古典、爵士或民间音乐，更别说各种不同文化的音乐了。每首乐曲都是独特的。对于它的节奏、韵律和情调，每个人会有不同的解读，会有自己的动作表达。这要靠你拓宽儿童的音乐口味，帮助他们以自己的方式对所听到的音乐加以关注、欣赏和回应。

（2）**鼓励积极倾听**。儿童身边充斥着来自四面八方的声音，也难怪他们有时候没有反应。要帮助他们去聆听特定的音乐，而不只是听见即可，要问他们："这首乐曲听起来感觉怎么样？""它使你想起了什么？"许多儿童发现，用身体来表达思想和情感比口头表达更简单。

为了帮助儿童集中注意力，增强区分和标记特定声音的能力，可引导他们探索声音。摇动装着不同物品的、成对的塑料薄膜卷筒，进行匹配游戏。不论在室内还是室外，都可以跟儿童谈谈他们闭上双眼后能听到什么。帮助他们比较声音的音量、音高和节奏模式。问他们如果只使用双手或嘴（但不能出声），能够制造出多少种声音？

让他们在倾听有明确节奏的音乐时，随节拍拍手或轻敲。跟他们讨论乐曲中听到的各种乐器。首先从简单的乐曲——也就是那些只有几种乐器的作品开始，然后引入更复杂的乐曲。谢尔盖·普罗科菲耶夫的《彼得和狼》（Peter and the Wolf）或者柴可夫斯基的《胡桃夹子进行曲》（The Nutcracker）都突出了特定的乐器，儿童更容易区分。如果可能的话，展示一种乐器，比如录制乐曲中使用的吉他、手鼓或邦戈鼓，让儿童实验这种乐器制造出来的不同声音。

（3）**建立自我管理的基本规范**。帮助儿童认识音乐、运动中的听觉和视觉提示。停止音乐、调暗灯光、摇动手鼓这些信号可以帮助儿童知道什么时候停止运动或停止制作乐曲。

为了帮助儿童更好地理解个人空间界限和避免冲突，让他们分别站在不同的地方（地毯块、橡胶垫或地板上的胶带标记）。让他们把自己想象成泡泡，触摸泡泡里面的一切。播放音乐的时候，鼓励他们在自己的泡泡内跳舞，以此练习待在自己的空间里。告诉他们，如果他们的泡泡碰到了其他泡泡，就会破裂。如果儿童很难避免互相打扰，就用大塑料圈界定个人空间。

（4）**平衡个人、伙伴和小组的活动**。如同其他领域的课程一样，对于教师主导的活动（教唱歌）、教师指导的活动（播放选好的音乐，让儿童以运动来阐释）和儿童发起的活动（在音乐区自由探索）来说，要恰当地做好平衡。在儿童早期教育课程中，常见的是集体体验音乐和运动。虽然儿童受益于成人的指导并且享受这些集体体验，但创造性表达的源泉主要来自他们对于没有老师指导时做什么和怎么做的个人判断。他们需要时间以自己的方式和步伐来探索、玩弄、使用发声材料。他们还需要时间来测试和练习以不同的方式来回应自己选择的音乐。

（5）**引进新的材料和新的活动**。为了激发兴趣和鼓励参与，可以在音乐区引进新乐器，一次只引进一样。演示如何演奏每件乐器、如何变换声音。在拨弄吉他不同的弦时，敲击木琴最短和最长的音条时，用力地和轻轻地吹竖笛时，用整只手和一根手指敲鼓时，要求儿童对所听到的声音进行比较。在音乐区配置儿童容易操作的CD机或磁带播放机，供他们录制和聆听自己制作的音乐。

（6）**提供道具**。除了提供乐器外，在音乐区还要有一两个拆除了电源线的、旧的或自制的麦克风，激发儿童唱歌、跳舞（功能正常的电子麦克风留待特殊场合使用）。简单的道具也能够支持儿童的创造性运动，鼓励探索，激发创新，帮助内向的儿童更加放松地表达自己。丝巾、套圈、球、响铃手环、毛绒动物和玩具娃娃都是绝好的运动材料。在儿童独立使用道具进行运动之前，先让他们练习使用方法。比如，用丝巾跳舞时，先开展一个游戏：

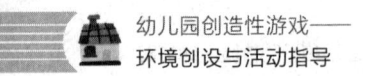

* 一只手举着丝巾摇动。
* 两只手举着丝巾,让它像旗杆上的旗帜一样飘扬。
* 让它像风筝一样飞起来。
* 让它像雪花一样飞舞。
* 把它扔向空中,然后再接住。
* 与伙伴各握丝巾的一端,一起跳舞。

自然物品和改变用途的家用材料都能很容易地变成儿童可以使用的乐器和舞蹈道具。比如,儿童能够在空的洗涤剂瓶上粘贴布裙和帽子,创造"舞伴"。

(7)加入。敞开自己,积极参与音乐和运动,可以帮助儿童自由地表达自己的想法。热情地与儿童载歌载舞。可以关上教室门,如果这让你感觉更舒服。不管你唱得怎样、舞得如何,儿童都会被你的精神感染而渴望参与。在鼓励儿童通过动作来阐释音乐时,你自己也要做到。如果全班同学躺在地板上画出对音乐的感觉,那么就加入其中,与他们并肩作画。

(8)使用开放性的问题和评论。为了加强批判性思维和问题解决能力,应使用开放性问题和评论来帮助儿童专注于音乐元素,比如力度、节拍、音高、节奏等。

* 我听到你跟着音乐晃动沙球。
* 演示一下你是如何使节拍更快的。
* 我看见你在音乐柔和的时候踮着脚尖走呢。
* 你动得这么快,你从音乐中听到了什么?
* 如果你用手指敲鼓,会怎么样?你用木棒敲的时候,声音有什么不同?你能找到别的东西改变鼓发出的声音吗?

(9)认识音乐和动作表达。儿童在唱歌、演奏乐器和跳舞时,要向他们提供响应性反馈。记录他们的探索然后回放，帮助他们重新审视和拓展自己的所作所为。与他们的家人分享这些录音或录像。

（10）**邀请家庭和社区成员来分享其音乐或舞蹈才华**。音乐是文化遗产的重要组成部分。利用当地资源，拓宽儿童的欣赏范围，增强他们的创造力。要求其父母和其他家人为儿童演唱传统歌曲、演奏乐器或跳舞。如果他们没有能力这样做，可以让他们去借音乐录音或录像。整合来自不同文化的音乐，促进文化认同，鼓励儿童欣赏其他文化。

给予正在学习乐器的儿童的哥哥、姐姐机会，在你的班级为他（她）们举办非正式的演奏会。带儿童去观看高中游行乐队的演练。

（11）**观察并记录儿童的反应**。对于儿童反应特别强烈的音乐和运动经历，要加以关注。记录个体对于音乐流派、道具、乐器和表达风格的反应。把这些融入未来的活动中去，进一步激励和拓展儿童的创造性表达，增强儿童的自信心。

（12）**把音乐和创造性运动贯穿全天**。音乐和运动使教室成为充满快乐的地方，强化了主题探索和专题研究，使过渡环节变得轻松，乐趣增多。将音乐和创造性运动纳入课堂日常活动。比如，在整理和洗手时，边唱歌边进行；帮助儿童排队行进时，假装是一节节火车车厢或是一条长毛毛虫；在他们等候家人来接的时候，让他们像果冻一样摇摆或随着你的节奏一起拍手。

活动和材料

集体活动

***随音乐舞动**：播放不同节拍、韵律和情调的音乐，包括爵士乐、摇篮曲、游行乐曲、波尔卡舞曲、华尔兹曲、瑞格舞曲、夏威夷舞曲、拉丁舞曲、非洲舞曲、美洲土著舞曲或亚洲音乐。鼓励儿童聆听音乐，以动作来表达对音乐的感受。如果这是一种新的体验，那么一开始只要求两三个儿童参与，其他人逐渐加入，或者儿童轮流跳舞，其他人观看。

* **想象中的舞者**：要求儿童模仿风、云、飞机、爆米花、奔驰的骏马、跳跃的青蛙、滑行的蛇或者他们最喜欢的动物，做出相应的动作。要求他们爬行、旋转、弹跳、跺脚、缓慢移动或者像踩在热沥青上一样跳跃。

* **音乐动物**：播放能使儿童联想到某种动物的经典音乐作品，儿童以动作来阐释该作品。以动物为主题的音乐包括：尼古拉·里姆斯基-柯萨科夫（Nikolai Rimsky-Korsakov）的《野蜂飞舞》（*Flight of the Bumblebee*）；弗朗西斯·普朗克（Francis Poulenc）的《大象巴巴》（*Babar the Elephant*）；德米特里·肖斯塔科维奇（Dmitri Shostakovich）的《牛虻组曲》（*The Gadfly Suite*）；卡米尔·圣-桑（Camille Saint-Saëns）的《动物狂欢节》（*The Carnival of the Animals*）；乔阿基诺·罗西尼（Gioachino Rossini）的《偷东西的喜鹊》（*The Thieving Magpie*）。

* **我被粘住了**：为鼓励解决问题和探索动作的可能性，让儿童在运动时把身体的不同部位"粘"在地板上。开始只粘住脚，然后是膝盖和小腿，再转向手、肘和臀部。

* **色彩舞**：使用色板或彩色玻璃纸把不同的颜色投射到屏幕上。鼓励儿童根据对每种颜色的感受来运动。

* **影子舞**：把聚光灯或投影仪的灯光投射到屏幕或素墙上。关闭其他灯，播放音乐。儿童在灯和屏幕之间做动作时会看到自己的影子在跳舞。从天花板上垂挂一条布单，布单后面留有足够的空间，可容纳一半的儿童坐在那里。把灯光照射到布单上。给儿童分组，跳舞的儿童在有灯光的一面，观众在另一面。播放音乐时，舞者的影子会投射到布单

上，观众能够在另一侧看见。两个组轮换进行。简单的道具（如丝巾或帽子）都可以拓展这一体验。在为跳舞的儿童改变鼓点时，要求一些儿童以乐器配合。

* **手电筒舞**：将房间变暗，手电筒的光束慢慢地在地板上移动。音乐响起时，儿童可以进入光束或穿过光束，随音乐跳舞。

* **故事舞蹈**：复述一个熟悉的故事或背诵一首最喜爱的具有描述性意象的诗。在播放柔和的背景音乐时，鼓励儿童以动作来阐释这个故事或这首诗。播放或演唱带有动作的歌曲，激发他们的创造性运动。

* **随音乐滑冰**：给每名儿童两个纸盘，每只脚踩一个纸盘。脚下有这些纸质"滑冰鞋"，他们便可以随音乐滑行。要确保有足够的空间，没有障碍物挡路。

音乐和运动活动

* **雕塑**：音乐一停，儿童立即停止跳舞。告诉他们必须"冻结"成雕塑状，并保持这一姿势直到音乐重新开始。

* **挤压泡泡**：给每名儿童一张大泡泡包装膜，将其放在地板上。向他们说明，每当音乐响起时，他们可以用除手之外尽可能多的身体部位去压破泡泡。音乐停止时，必须立即停止动作。

* **动物梦想**：让儿童躺在地板上，这时候你唱"睡吧，睡吧，小朋友们都睡着了，梦见自己变成了一只……猫"。听到"猫"这个字时，他们就起来模仿猫活动。再从头开始，将动物的名称改为蜜蜂、袋鼠、毛毛虫等。儿童再次假装睡觉时结束游戏。

* **乐器竞猜游戏**：儿童在音乐区探索各种乐器之后，把不同的乐器放在三折板分隔的桌子的两边。让两名儿童坐在桌子的两边，彼此看不到对方。他们轮流演奏乐器，让对方分辨。

* **镜子**：向儿童演示镜子中的倒影是如何与他们做出相同的动作的，然后要求儿童假扮镜子，映出你做的动作。把儿童分组，让他们轮流充当镜子，尽力复制出另一个人的动作。先从面部表情开始，然后是手和胳膊，最后是脚和腿。
* **两人造型**：要求一组儿童共同做出一个由一首特定乐曲想出来的形状。他们可以做出几何、动物或字母的形状。当你变换音乐时，要求他们改变形状。
* **阳光下的影子**：鼓励儿童在阳光下跳舞的时候观察他们的影子。问他们要使自己的影子接触到其他人的影子有多少种方式。

个人和小组活动

* **音乐实验室**：在音乐区配备基本的乐器，儿童可以进行声音实验并创作自己的音乐。教他们使用CD机或录音机录制音乐。张贴带有插图的使用说明。
* **各种铃铛**：在音乐区放置各种各样的铃铛——摇铃、手铃、牛铃、谐振管以及不同尺寸和材料的铃铛。鼓励儿童比较这些铃铛发出的声音。要求他们以不同的方式把铃铛归类，并按照音高顺序排列。
* **音乐式美术**：为儿童播放不同的音乐。鼓励他们画出所听到的东西。在适当的时候要他们口述并做记录，或者帮助他们为自己的作品做标记。
* **厨房器具乐队**：在音乐区的毯子上放置各种常见的厨房用具和设备，例如锅、塑料碗、木勺、打蛋器、面粉筛、锅铲、奶酪刨丝器、锅刷以及筛网。让儿童用这些物品制造出来的声音进行实验。
* **音乐剧院**：把音乐区变成配备齐全的音乐剧院，有舞台区、戏服、儿童熟悉的乐器、麦克风等。为观众添加地毯块或椅子，为售票员准备

门票。

* **最喜欢的歌曲的图片**：让儿童选择最喜欢的一首歌并为之配图。他们可以独自配图，也可以几个人一起创作一组歌曲壁画，或者分别为歌曲的不同段落配图。

* **丝巾舞**：将轻盈的彩色丝巾放入篮子或桶里，该区域要配一面不易破碎的全身镜。播放不同类型的器乐来激励儿童跳舞。

* **桌面上的节奏**：用报纸或画架纸完全盖住桌子。给每个儿童一只马克笔或蜡笔。播放CD或磁带上的音乐。让儿童围着桌子走，同时让马克笔随着音乐节拍在纸上游走。变换播放的音乐类型和（或）一下子停止音乐使儿童"冻结"，直到再次播放音乐。

* **操场管弦乐团**：带一篮子乐器到室外，将其摆在一条毯子上或放在游戏屋中。操场是儿童敲击各种鼓以及通过音乐兴高采烈地表达自我的完美地方。把发音设备挂在树上或操场设施上，确保它们不会构成安全隐患。旧罐子和盖子、平底烤锅、轮毂罩、金属勺子、填充了鹅卵石的水瓶、浮木和塑料桶，这些东西在充满声响的园地里都能很好地发挥作用。把长短不同的PVC管或竹子挂起来，制成竖琴。把金属物品永久地安装在柱子或木栅栏上。如果儿童有充足的时间尝试制造声音，那么可以录下他们创作的音乐。

项目

我们可以将可回收的和改变用途的家居用品轻松地组合在一起，变成简单的道具和乐器。

* **舞动的飘带**：在纸盘或类似大小的纸板上打几个孔。在儿童装饰完盘子后，帮助他们将绉纸彩带穿过盘孔。播放音乐或带儿童到操场上（或两个都做），这样他们就可以用彩带跳舞。

* **振动器**：让儿童把一些鸟食或卵石放在塑料水瓶或沙拉酱瓶里。提供珠子或五彩纸屑，让振动器变得更加色彩丰富。用遮蔽胶带或管道胶带封口。鼓励他们对振动器发出的不同声音进行比较，尤其是可使用的材料有好几种时。

* **鞋盒吉他**：在每个盒盖的中心切一个大洞。儿童用蜡笔、马克笔或颜料装饰完鞋盒后，用胶带把盒盖封住。帮助他们把4~6根结实的橡皮筋纵向套到盒子上。一般情况下，橡皮筋越粗，弹奏时声音就越低沉。要想获得清晰的声音，可以在盒盖一侧的橡皮筋底下放一只铅笔。移动铅笔时，橡皮筋就会发出不同的声音。也可以使用其他结实的小盒子。

* **拨浪鼓**：给儿童提供厚重的纸盘，让他们用蜡笔、马克笔或颜料把纸盘两面都装饰好。在每个盘子的对边边缘打一个孔。把细绳剪成段，每段要比盘子边缘到中心的距离长约5厘米。帮助儿童把细绳穿过每个孔并打结。然后帮助他们在每条细绳的末端系上一颗珠子。在卫生纸筒的对立两侧各切一条约2厘米长的小缝。帮助儿童把胶水挤进缝隙，然后把纸盘推进缝隙，这样纸盘就在串了珠子的细绳的中间位置了。如有必要，可以使用喷胶枪。做好的拨浪鼓应该类似于棒棒糖。儿童在来回转动手柄时，珠子将击打鼓的中心，发出有节奏的鼓点，能够激发儿童运动。

* **纸盘沙球**：把纸盘对折。帮助儿童把干的豆类或大米填充到纸盘里，填充到约一半即可。把纸盘钉好，钉书钉上面用胶带粘好。为儿童提供蜡笔、马克笔和（或）颜料以及丝带或绉纸彩带，用于装饰沙球。帮助儿童把丝带或绉纸彩带钉到纸盘边缘。两个纸盘钉在一起，就成了圆形沙球。

* **混凝纸浆沙球**：为儿童演示如何用几层混凝纸浆覆盖在已经充气的气球上（气球系口的地方不要覆盖）。一旦完全干燥，就剪断气球的系口，并帮助儿童把鸟食倒入球体。把铅笔或压舌板牢固地粘到孔里。

提供蛋彩画颜料，让儿童用于装饰沙球。一旦干燥，喷上发胶，把颜料封住。注意：未充气的气球和小部件应存放在远离儿童的地方，以免误吞引起窒息的危险。

* **燕麦片盒子鼓**：把燕麦片盒子的两端切掉。鼓励儿童按照自己的意愿来装饰盒子。制作鼓时，要把气球颈部剪掉，然后帮助儿童把气球剩余的部分在盒子上拉伸，用橡皮筋系牢。提供铅笔，让儿童在音乐时间用来敲鼓。

* **造雨器**：给儿童纸板管，让他们以自己的方式进行个性化设置。帮助他们把切成纸板管开口大小的图画纸或卡纸牢固地粘贴到纸板管的一端。提供成杯的大米或干豆，让儿童倒入管中。倒入时使用漏斗会更方便。大米或豆类添加得越多，造雨器发出的声音就会越大。帮助他们在另一端粘贴一张图画纸或卡纸。把造雨器竖着举起，然后倒过来，大米或豆子掉落的声音就像雨声一样。

* **打击棒**：世界各地的很多文化中都有打击乐器。可用它们敲打地面，发出声音。儿童可以利用胶带粘住卫生纸筒、包装纸筒或者地毯套管的一端，制成打击棒。让儿童对打击棒进行个性化装饰，然后在不同的表面上重重敲击，发出不同的声音。声音沿管子内部传递时，会被放大。

* **卫生纸筒笛子**：制作笛子时，先剪一块圆形蜡纸，其周长要比纸筒底端长2厘米左右。在儿童的帮助下，把蜡纸置于纸筒底端，用橡皮筋绑结实。用剪刀在纸筒一侧戳个孔，该孔距蜡纸底端约4厘米。儿童可以用马克笔和贴纸装饰笛子，然后把有蜡纸的一侧压到嘴唇上，对着笛子哼唱。

* **果酱瓶木琴**：在6~8个玻璃罐、杯或类似大小的瓶子里装入不等量的水。如果愿意，也可在水中加入食用色素。把瓶、罐按照加入水量的多少排列。鼓励儿童用勺子、筷子或木槌敲打玻璃瓶，进行声音实验。

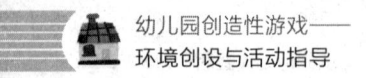

要求他们比较每个罐（瓶）子发出的声音并尽量创作自己的曲子。

* **锡罐木琴**：收集和清洗8~12个锡罐。锡罐的高度相同，但要有不同的直径。确保锡罐没有毛边。用橡皮筋或胶带把两个锡罐连在一起。添加更多锡罐，同时用橡皮筋或胶带固定。如果有一个大锡罐放在这一圈锡罐的中心，效果会更好。让儿童用铅笔的橡皮端敲打倒置的锡罐，进行声音实验。

* **套筒扳手木琴**：倒置鸡蛋纸板箱，把高矮不同的套筒扳手横放在蛋杯之间的空间里制成"木琴"。儿童可以用勺子或木槌弹奏"木琴"。建议他们重新排列扳手，以便进一步比较乐音。

* **金属风铃**：提供各式各样的小金属物件，如垫圈、钥匙、旧首饰或圆形紧固件。帮助儿童把长度基本相同的丝带穿过上述物品的孔洞，然后把这些物品系到已涂抹颜料或已用彩色胶带包好的金属挂钩、棒或销钉上。在干净的锡罐底部凿个孔，用起来效果也很好。把丝带系到金属棒或销钉的两端，然后再互相系到一起，这样就能够把风铃挂起来。

* **珠铃**：制作珠铃时，要在纸杯的边缘打四个孔。给儿童蛋彩画颜料或丙烯酸颜料，在杯子上绘制图案。提供各式各样的带有大孔的珠子、切成段的吸管和剪成理想长度的线。儿童可以把珠子和吸管交替穿到四根线上，在每根线的顶端留出约5厘米空当，这样就可以系到纸杯的孔里。帮助每个儿童在绒条的一端做出一个小圆环。将一条线穿过圆环，该线要比其他线长5厘米左右。在纸杯底部中央戳一个孔，把绒条没有环的那端插入孔中，这样小圆环就成了卡扣。在中间这条线的端部系一个金属垫圈，这样它就与串了珠子的线的长度基本一致。在绒条的顶部再制作一个圆环，作为把手。风一吹，金属垫圈就会撞击串在线上的珠子，发出鸣响。

* **乐器工厂**：鼓励儿童使用如铝锅、锡罐、瓶盖、皱巴巴的玻璃纸、纽扣、PVC短管、纸板卷筒、勺子、筷子、砂纸或塑料容器等可回收材

料，制作自己的乐器。在他们探索了制作的可能性后，帮助他们把物品用胶带粘到一起。或者只提供自然物品，如松果、荚果、橡子、棍棒以及几种容器。给予儿童在组内分享和谈论自己的乐器的机会。

音乐和运动中的技术

在决定什么时候在音乐和运动中使用技术以及如何使用技术时，要问问自己，技术对激励每个儿童的创造性表达能发挥多大作用。

要想把各种音乐带进课堂，音响设备至关重要。在集体活动中，教师可以使用CD机、磁带播放器或数码设备（如iPod），或者带有扬声器的其他MP3播放器。如果儿童能够自己操控音乐区配置的音响设备，那么会给音乐和运动体验创造令人兴奋的机会。单个音响和其他技术装置扩展了儿童的音乐曲目，给他们提供了一种手段来制作自己的音乐和舞蹈形式。在CD机、磁带和MP3播放器，甚至在卡拉OK机上播放歌曲与音乐，都能够激励儿童参与。使用耳机可以减少干扰，延长聆听时间，也能够使每个儿童在听音乐时按照自己对音乐的理解绘画或绘图。如果将耳机连接到一个简单的电子键盘，那么儿童在探索和实验声音以及制作音乐时，就不会干扰别人。

互联网搜索可以帮助你向儿童展示课堂、社区或本土文化之外的音乐和舞蹈表演。从网站搜索，你也能够预览、下载歌曲和合适的乐曲，而不必购买整张CD。数码相机或带有内置摄像头的手机和平板电脑都可以帮助你和儿童轻松捕捉到音乐和运动中的创造性表达。由此得到的图像和视频片段可以让儿童重新审视和拓展他们的创造性表达，可以分享给家人，也可以剪辑、合成并制作视频。

第7章

家庭连接和话语传递

我希望当你观察到创造性游戏对于儿童学习的强大作用时，能够及时把它传递给家庭、同事和上司。在与其他人分享儿童从游戏中受益的具体证据时，你就是戏剧表演游戏、美术、音乐和运动表达的提倡者。许多成年人，包括儿童的父母在内，还是想把学习与创造性的、自我调节的活动区分开来。这就需要你帮助他们了解两者之间的直接联系。这样做的最好的方法不是向他们讲述，而是向他们展示，使他们能够亲身体验儿童通过参与游戏沉浸于学习中。

分享儿童的游戏和作品

带标题的照片、带讲解的视频和儿童对自己作品的解释说明都可以帮助其他人认识到创造性游戏是关于思维和思想交流的。与其他人分享这些具体的证据有多种方法。

把照片张贴在入口处和父母可能看得见的其他区域，其中包括儿童参加戏剧表演游戏、创造性美术、音乐制作或集体跳舞的照片。为照片附上说明，便于他人把图像和概念、技能、性格的发展联系起来。考虑展示系列照片，显示儿童游戏进展的顺序或他们创新的步骤。对你所观察到的东西添加简要的叙述。如果可能，还可以添加儿童对自己所采用的流程的解释。家长看完照片后，可以把照片放在活页夹内，保留在同一区域。这样活页夹就成了一个通过创造性游戏进行学习的照片集（里面的照片是按照时间顺序排列的）。

照片和视频也是网上时事通讯和班级、学校网站的一个巨大的补充。对课堂事件的叙述要包括对参与戏剧表演游戏和其他创造性活动的描述。每张图片或每段视频都要配有解释，说明其重要性。你可以强调亲社会行为、技能掌握、自我约束、毅力、创新，或者只是强调儿童在其发现和取得的成就中得到的乐趣。

衷心感谢你为推动儿童在游戏中快乐学习而付出的所有努力！

附录 A　美术材料制作配方

自制美术材料的配方在互联网和其他地方都可随时获得，以下所列仅供参考。

基本的手指画颜料

1/2 杯液体蛋彩画颜料；
1/2 杯液体淀粉；
碗。

把液体蛋彩画颜料与液体淀粉混合在一起。

容易清理的手指画颜料

1/2 杯液体蛋彩画颜料；
2 汤匙洗洁精；
碗。

把液体蛋彩画颜料与洗洁精混合在一起。

无毒水彩颜料

4 汤匙小苏打；

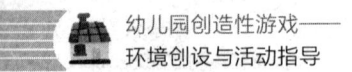

2 汤匙白醋；

2 汤匙玉米淀粉；

1/2 茶匙玉米糖浆；

制冰格或松饼盘；

液体食用色素；

碗。

把小苏打和白醋混合在一起，添加玉米淀粉和玉米糖浆，把制冰格或松饼盘的格子填充到一半。把食用色素滴到每个格子里，得到想要的颜色。待格子里的颜料完全干燥成为蛋糕状（这可能需要两天）。使用颜料时，先把画笔浸蘸到一杯干净的水中，然后在每个彩色蛋糕上涂刷。

泡泡溶液

1/4 杯洗洁精；

2+1/4 杯水；

2 汤匙甘油（药店里有售）；

食用色素或干的蛋彩画颜料；

碗。

把洗洁精、水和甘油混合在一起。可用食用色素或干的蛋彩画颜料给溶液着色，这样可以更好地制作泡泡图案。

人行道绘画颜料

每种颜色 1/2 杯水；

每种颜色 1/2 杯玉米淀粉；

带盖的小罐（每种颜色一个）；

食用色素。

在每个罐中把水与玉米淀粉混合，然后拌入 10~20 滴食用色素。

人行道起泡颜料

1 盒小苏打；

1/2 杯玉米淀粉；

1/2 杯水；

食用色素；

喷壶；

白醋；

碗。

把 10~20 滴食用色素溶入水中。将小苏打和玉米淀粉混合在一起。如果太稠可以添些水，一次添一勺。在喷壶里装上白醋。画好后，儿童可以用白醋喷洒人行道上的作品，使之起泡。

泡沫颜料

白胶；

白色剃须膏；

食用色素；

碗或自封袋；

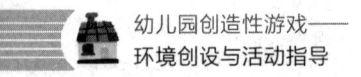

结实的纸或纸板。

把白胶和白色剃须膏各一半混合在一起。添加食用色素。如果在混合配料时使用的是自封袋而不是碗，则要剪掉袋子的一个角，这样儿童就可以把颜料挤到结实的纸或纸板上。

雪景画颜料

白胶；

白色剃须膏；

碗。

把白胶和白色剃须膏各一半混合在一起，变干后会很柔软，像海绵一样。

高发泡颜料

1杯面粉；

2茶匙泡打粉；

1茶匙盐；

水；

自封袋；

食用色素；

碗。

把面粉、泡打粉、盐和足够的水混合在一起，达到煎饼面糊的稠度。把它分别装入几个自封袋，添加食用色素，然后挤压袋子使颜色均匀分布。在每个袋子的一角剪个小孔，方便挤出颜料。

微波高发泡颜料

1/4 杯自发面粉；

1/4 杯食盐；

3/4 杯水；

食用色素；

卡纸或纸板；

微波炉专用碟。

将食用色素加入水中。把自发面粉、食盐和稀释的食用色素混合在一起，涂刷到卡纸或纸板上。每一幅作品完成后，将其放置在微波炉专用碟中，用微波炉烘烤约 20~40 秒，颜料就会膨胀起来。注意避免过度烘烤。

未煮过的橡皮泥

2+1/2 杯面粉；

1/2 杯盐；

1 汤匙明矾；

2 杯开水（仅针对成人）；

3 汤匙植物油或婴儿油；

食用色素或 2 包调味混合料；

碗。

把面粉、盐、明矾混合在一起。仅对成人：搅拌加入开水、植物油以及

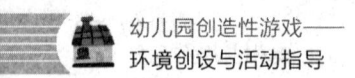

食用色素或调味混合料。凉到能够接触时，揉搓至平滑。如果使用婴儿油，面团闻起来会很香，也不太容易成型凝固。警告：吸入婴儿油可能有生命危险。

煮过的橡皮泥

1 杯白面粉；

1/2 杯盐；

2 汤匙塔塔粉；

1 杯水；

1 汤匙油；

2 茶匙食用色素；

平底锅；

碗。

在平底锅里加入面粉、盐和塔塔粉。在另一个碗里放入水、油和食用色素。将干的配料和湿的配料混合在一起。仅对成人：在中火上搅拌混合物 3~5 分钟，直到混合物变成球状。然后取出放到表面有干面粉的板上，揉搓至平滑，不再粘手。

提示：这些建模材料放入冰箱的密封容器（如自封袋）储存时，要至少放上几天时间。

超柔软橡皮泥

10~20 滴食用色素；

1 杯护发素；

2 杯玉米淀粉；

碗。

将食用色素添加到护发素中，然后慢慢加入玉米淀粉，搅拌至均匀。把混合物揉搓至平滑的球状。如果感觉混合物有点黏，可以再加入一些玉米淀粉。储存在密闭容器或自封袋中。这种橡皮泥配合饼干切刀，特别好用。

云面团

4 杯白面粉；

1/2 杯婴儿油；

碗。

把面粉与婴儿油混合在一起，揉搓至平滑。警告：吸入婴儿油可能有生命危险。

盐面团

1 杯盐；

1 杯面粉；

1 杯水；

碗。

食用色素（可选）；

丁香油或冬青油（可选）。

把盐、面粉和水混合在一起，如果需要，再加上食用色素。加入几滴

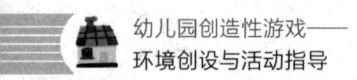

丁香油或冬青油。如果太黏或太稠，可以再稍添加些盐、面粉或水。揉搓至平滑。

可涂颜料的黏土

1+1/2 杯面粉；

1 杯盐；

1 杯玉米淀粉；

温水；

碗。

把面粉、盐和玉米淀粉混合在一起。慢慢加入温水，直到混合物成形但仍容易塑造为止。揉搓至平滑。这种黏土 1~2 天后会变硬，但要视作品的大小而定。完工的作品可以涂颜料。

小苏打黏土

2 杯小苏打；

1 杯玉米淀粉；

1+ 1/4 杯水；

食用色素；

平底锅。

把小苏打、玉米淀粉和水放入平底锅。添加食用色素。仅对成人：温火烘烤并不断搅拌，直到混合物达到土豆泥的稠度，这需要 10~15 分钟。一旦混合物冷却到能够触摸时，将其揉搓至平滑。成品一夜即可晾干，也可放于低温烤箱烘干。

混凝纸浆

  白面粉；
  水；
  碗；
  电动搅拌机（仅对成人）。

  1份面粉大约加入2份水。慢慢加水，直到混合物达到白胶的稠度。使用电动搅拌机可确保浆糊滑畅。

附录B 家庭愿望清单

尊敬的家长：

请不要把下列物品扔掉。我们在戏剧表演游戏或创造性美术与音乐项目中会用到这些物品。教室门口旁边有带标记的回收箱，请将捐赠的物品放入其中。谢谢！

珠子	穿不了的儿童鞋和靴子
果篮	纸杯或塑料杯
瓶帽和瓶盖	纸盘
盒子	烤盘
泡泡包装膜	松果
瓷砖碎片	塑料厨房用具
谷物盒	塑料牛奶罐
购物布袋	软饮料的易拉罐拉环
咖啡罐	丝带
软木塞	丝巾
服饰珠宝	荚果
清洁剂瓶	缝纫用品
蛋箱	床单
空的卫生纸筒	鞋盒
布块	光滑的小石头

续表

胶卷	短袜
冷冻果汁罐	香料罐
冷冻餐盘	海绵
部分图片丢失了的拼图	贴纸和宣传品上的邮票
果汁盒	发泡胶托盘
牛奶盒	锡罐
不匹配的螺母、螺栓和垫圈	壁纸样品簿
麦片盒	铁丝挂钩
旧钥匙	木材边角料
旧的厨房用具	包装纸
旧钱包	毛线

万千教育 学前教育类书目

书号	书名	著、译者	定价(元)
幼儿园一日活动设计指导系列			
9952	幼儿园一日生活过渡环节的组织策略	吴文艳 主编	28.00
8469	幼儿园一日生活环节的组织策略	宋文霞 等 主编	36.00
9531	幼儿园一日活动教育细节69例	王明珠 主编	28.00
0158	幼儿园大型活动组织与策划手册	李春玲 著	35.00
幼儿园一日活动设计指导系列合计			127.00
幼儿园教师教学技能与活动指导			
2253	理解儿童心理从绘画开始（全彩）	陈侃 著	38.00
0760	幼儿园备课·说课·听课·评课	俞春晓 等 著	42.00
8598	幼儿园集体教学活动设计方法与实例	俞春晓 著	28.00
9499	幼儿教师必须修炼的10项教学技能	俞春晓 著	25.00
9454	幼儿园教学诊断技巧与对策58例	王春燕 等 著	38.00
1799	幼儿园电影主题活动创意设计（全彩）	王微丽 等 主编	72.00
9612	幼儿园综合主题活动 ——设计技巧与优秀案例	赵旭莹 等 主编	42.00

1235	幼儿园绘本美术活动创意设计（全彩）	郭莉萍　赵福云　主编	68.00
9323	幼儿园美术活动创意设计（全彩）	罗　梅　赵福云　主编	56.00
0180	给幼儿教师和家长的81条美术教育建议（全彩）	李力加　著	62.00
9150	幼儿园节日活动精彩设计方案	刘洪霞　主编	35.00
9590	幼儿园语言活动创新设计	郭咏梅　著	32.00
0157	幼儿园优秀语言活动设计70例	郭咏梅　主编	26.00
0453	幼儿园优秀体育活动设计99例	朱　清　侯金萍　主编	45.00
9892	幼儿园优秀美术活动设计99例（全彩）	陈学群　余　晖　主编	58.00
9591	幼儿园优秀健康活动设计80例	范惠静　主编	38.00
9439	幼儿园优秀社会活动设计65例	伍香平　主编	25.00
9385	幼儿园优秀科学活动设计88例	董旭花　主编	35.00
9951	幼儿园科学探究故事20例	王明珠　主编	40.00
幼儿园教师教学技能与活动指导合计			**805.00**
幼儿园区域活动指导			
1935	幼儿园户外环境创设与活动指导（全彩）	董旭花　等　著	72.00
2103	幼儿园社会区材料设计与评价（四色）	王微丽　霍力岩　主编	60.00
1950	幼儿园科学区材料设计与评价（全彩）	王微丽　霍力岩　主编	60.00
1951	幼儿园生活区材料设计与评价（全彩）	王微丽　霍力岩　主编	60.00
1782	幼儿园数学区材料设计与评价（全彩）	王微丽　霍力岩　主编	60.00

1800	幼儿园语言区材料设计与评价（全彩）	王微丽　霍力岩　主编	60.00
2598	幼儿园艺术区材料设计与评价（全彩）	王微丽　霍力岩　主编	60.00
9613	幼儿园区域活动 ——环境创设与活动设计方法（全彩）	王微丽　主编	60.00
9149	小区域，大学问 ——幼儿园区域环境创设与活动指导	董旭花　等　著	30.00
9548	幼儿园创造性游戏区域活动指导 （角色区·建构区·表演区）	董旭花　等　编著	32.00
9549	幼儿园自主性学习区域活动指导 （生活操作区·美工区·益智区·科学区）	董旭花　等　编著	35.00
0156	幼儿园区域活动现场指导艺术 ——透视38个区域故事	董旭花　等　著	38.00
9134	如何有效实施幼儿园主题性区域活动	秦元东　等　著	24.00
7937	幼儿园科学区（室） ——科学探索活动指导117例	董旭花　主编	28.00
幼儿园区域活动指导合计			**679.00**
幼儿园园所管理			
2102	破解幼儿园园长的50个管理难题	苏晓芬　等　著	48.00
1784	幼儿园危机管理策略与实例	周丛笑　等　编著	52.00
1596	幼儿园安全管理策略	张春炬　李芳　主编	42.00
0039	园本培训促进幼儿教师专业发展	晏红　著	32.00
9883	幼儿园教研活动设计与实施	莫源秋　著	32.00
9620	幼儿园保育员工作指南	伍香平　等　主编	20.00
9438	幼儿园园长的领导艺术	任民　李迎春　著	32.00
9006	幼儿园园长临场应变技巧50例	卢俊　著	20.00

编号	书名	作者	定价
9012	幼儿园园长易犯的80个错误	伍香平 主编	25.00
幼儿园园所管理合计			**303.00**
幼儿行为观察与应对指导			
2308	0—8岁儿童纪律教育 ——给教师和家长的心理学建议（第七版）	蔡菡 译	72.00
9138	幼儿行为的观察与记录（第五版）	马燕 等译	32.00
2045	幼儿问题行为的识别与应对 ——给家长的心理学建议（第二版）	冯夏婷 主编	58.00
7797	幼儿问题行为的识别与应对（教师篇） （第6版）	王玲艳 等译	38.00
1262	幼儿活动档案记录与解读（第二版）	马燕 等译	46.00
幼儿行为观察与应对指导合计			**246.00**
幼儿园家长工作指导			
2345	幼儿成长揭秘 ——常见问题分析与家园共育策略	王普华 等著	48.00
1934	幼儿教师与家长沟通之道（第二版）	晏红 著	46.00
364	幼儿园家长工作技能与艺术	莫源秋 编著	45.00
806	破解家园沟通的44个难题	胡剑红 主编	35.00
9610	幼儿教师的家长工作技巧	张春炬 主编	34.00
9592	幼儿园家长开放日活动设计与实践指导	卢筱红 主编	25.00
9322	幼儿园家庭教育指导形式与方法	晏红 著	34.00

……

欲了解更多图书信息，请登录：www.wqedu.com
联系地址：北京市西城区三里河路6号院2号楼213室　万千教育
咨询电话：010-65181109，65262933

*本目录定价如有错误或变动，以实际出书为准。